ZEICHNEN LERNEN
BAND - 02

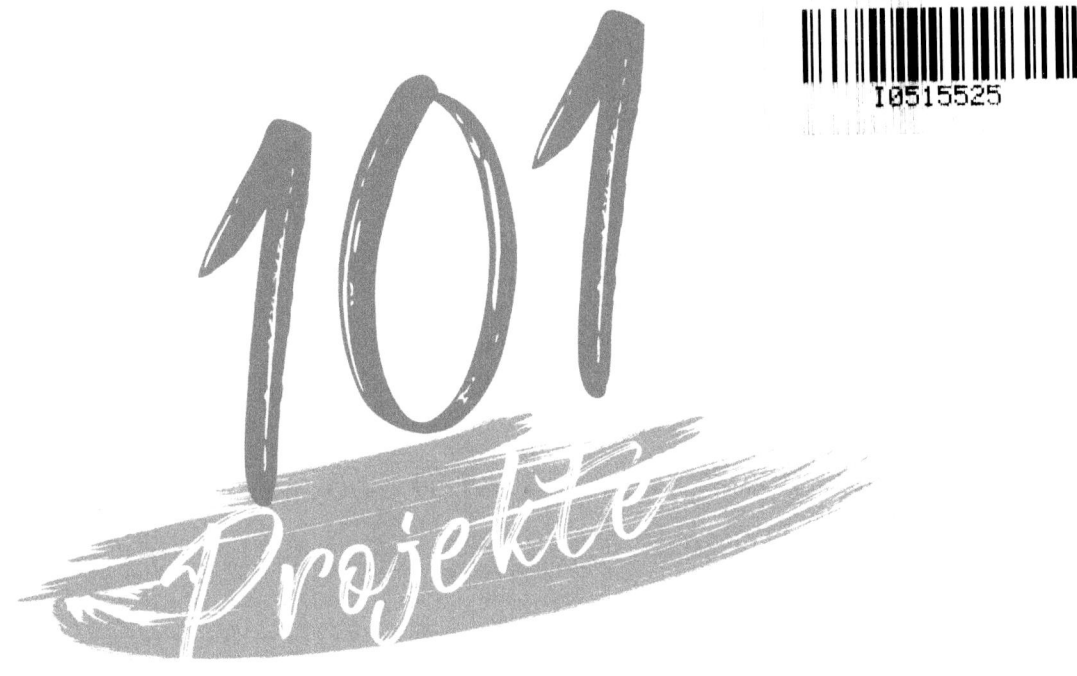

ISBN: 9798338306963
© Originale Educ. Alle Rechte vorbehalten.
Kein Teil dieser Veröffentlichung darf ohne die vorherige schriftliche Genehmigung des Herausgebers in irgendeinem Format oder auf irgendeine Weise, sei es durch Fotokopie, Aufzeichnung oder andere elektronische oder mechanische Verfahren, reproduziert, verteilt oder übertragen werden, mit Ausnahme von kurzen Zitaten in kritischen Rezensionen und bestimmten anderen nicht-kommerzielle Nutzungen, die durch das Urheberrechtsgesetz erlaubt sind.

INHALTSVERZEICHNIS

EINLEITUNG..................................3

PORTRÄTS..............................4 - 6

SILHOUETTEN ....7 - 15

TIERE .... 16 - 55

TRANSPORTMITTEL .... 56 - 61

OBJEKTE .... 62 - 95

SCHLÖSSER .... 96 - 98

BLUMEN .... 99 - 104

EINLEITUNG

Das Zeichnen ist eine Möglichkeit, Ihre Kreativität freizusetzen und sich visuell auszudrücken. Nach dem Erfolg unseres ersten Bandes freuen wir uns, Ihnen „Wie man 101 Projekte Schritt für Schritt zeichnet - Band 02" vorstellen zu können. Dieses neue Werk setzt das Abenteuer fort und bietet Ihnen noch mehr spannende Projekte zum Zeichnen, Schritt für Schritt. Egal, ob Sie ein Kind, ein Jugendlicher oder ein erwachsener Anfänger sind, dieses Buch ist für Sie gemacht.

Darin finden Sie klare und detaillierte Anleitungen, um eine neue Palette von Objekten zu zeichnen, einschließlich Tiere, Landschaften, Charaktere, Fahrzeuge und vieles mehr. Jedes Projekt ist so konzipiert, dass es in mehreren einfachen Schritten durchgeführt werden kann, sodass Sie das Zeichnen schrittweise und in Ihrem eigenen Tempo erlernen können.

Darüber hinaus werden die Illustrationen und Fotos bei jedem Schritt Sie weiterhin durch den Zeichenprozess führen, sodass Sie den Anweisungen leicht folgen und zufriedenstellende Ergebnisse erzielen können.

Dieses Buch ist darauf ausgelegt, Ihr Selbstvertrauen noch weiter zu stärken und Ihre Kreativität zu fördern. Durch die Kombination des Wissens aus beiden Bänden können Sie Ihre Leidenschaft für das Zeichnen weiter erkunden und Ihre Fähigkeiten verfeinern. Also nehmen Sie Ihren Bleistift und Ihr Skizzenbuch und bereiten Sie sich darauf vor, Ihr künstlerisches Talent mit „Wie man 101 Projekte Schritt für Schritt zeichnet - Band 02" zu bereichern.

<u>Hier sind 5 Tipps, um Ihr Zeichnen zu verbessern:</u>

Üben Sie oft: Übung ist der Schlüssel zur Verbesserung Ihrer Zeichenfähigkeiten. Versuchen Sie, regelmäßig zu zeichnen, um Erfahrung und Fähigkeiten zu sammeln.

Studieren Sie Formen und Proportionen: Das Verständnis der Formen und Proportionen der Objekte, die Sie zeichnen, ist entscheidend, um sie realistisch darzustellen.

Verwenden Sie Referenzen: Referenzbilder zur Hand zu haben, kann sehr hilfreich sein, um Objekte, Tiere und Menschen realistisch zu zeichnen.

Seien Sie kreativ: Zögern Sie nicht, neue Techniken auszuprobieren und kreativ mit Ihrem Zeichnen umzugehen. Dies wird Ihnen helfen, Ihren eigenen Stil zu entwickeln und Ihre Fähigkeiten zu verfeinern.

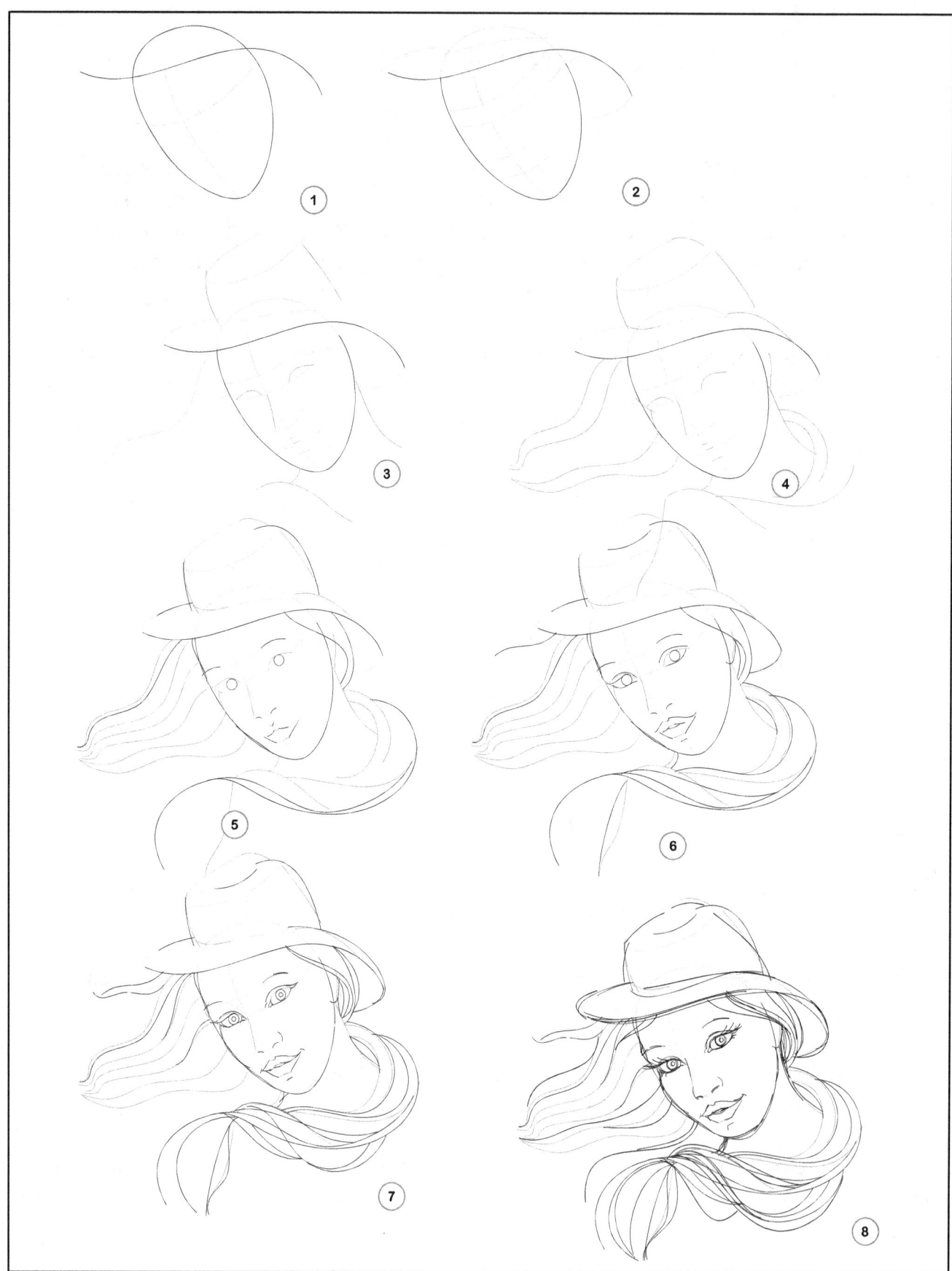

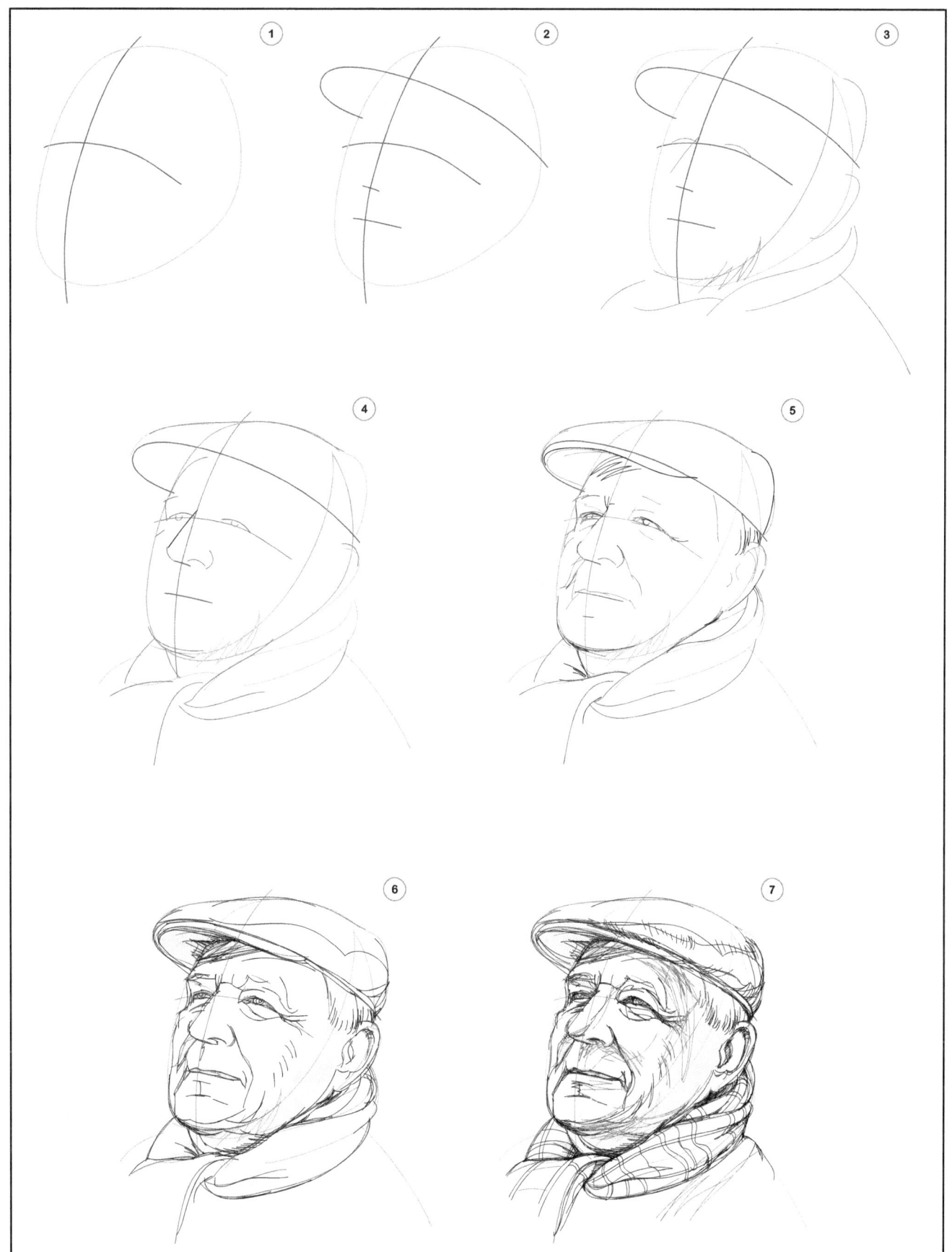

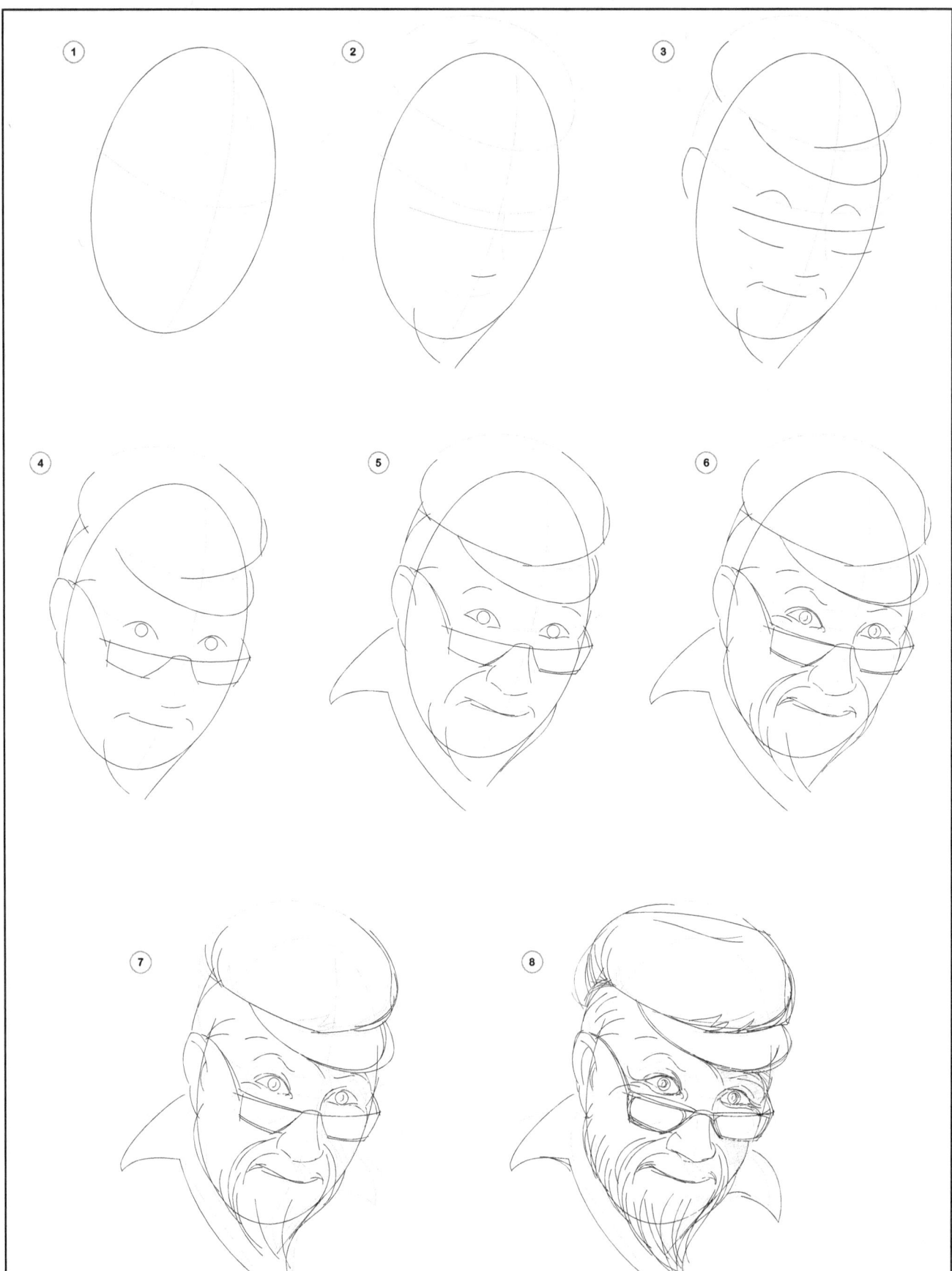

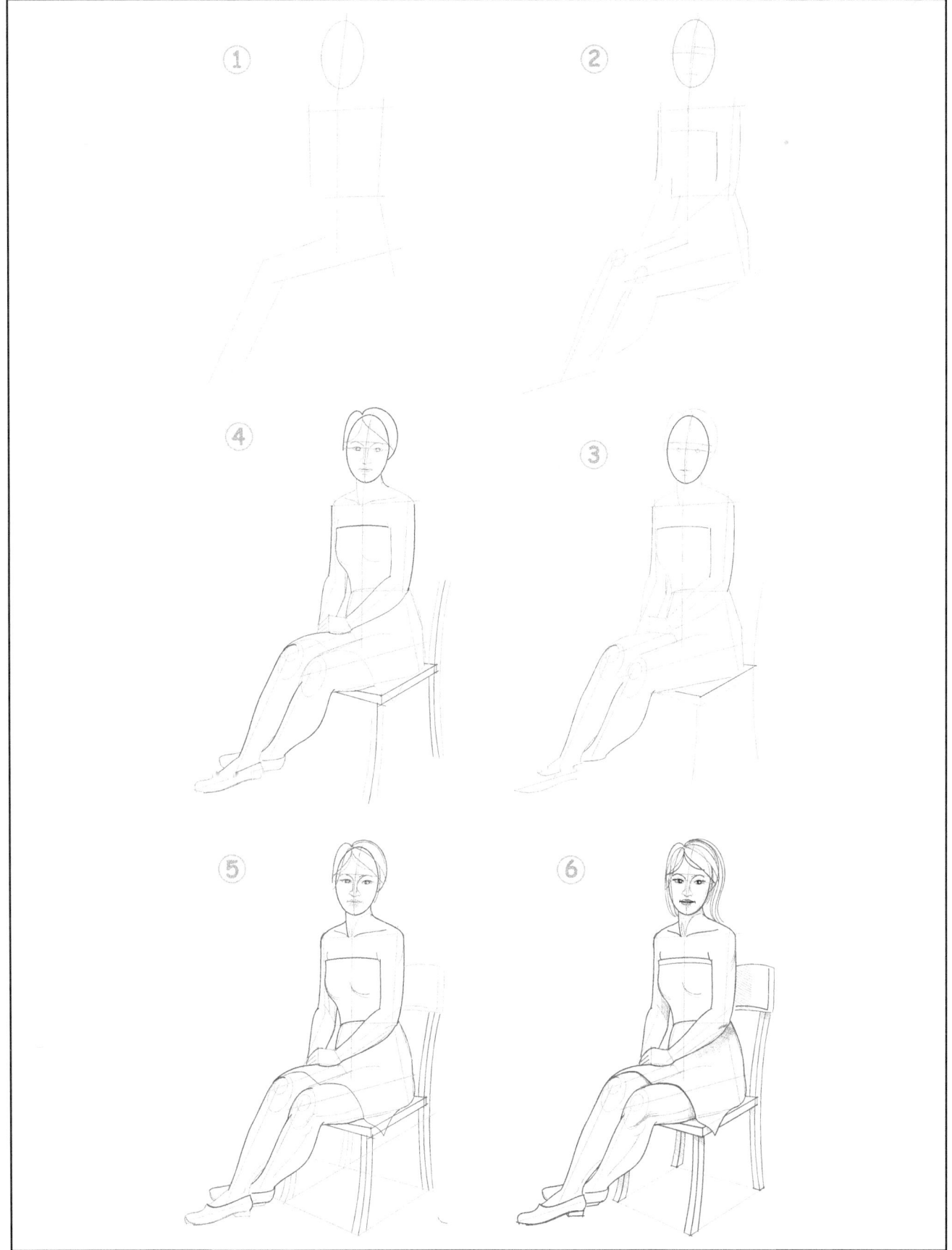

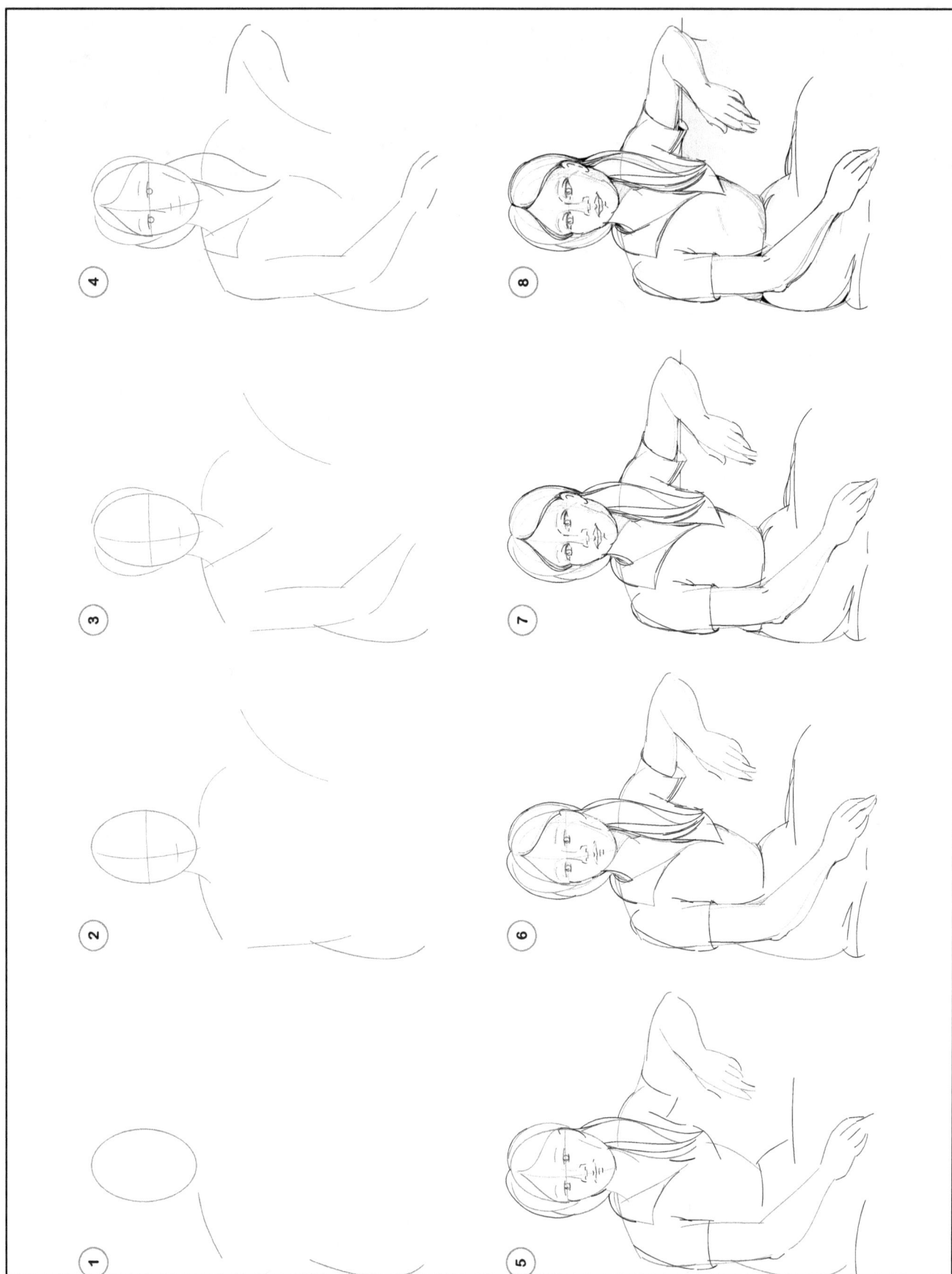

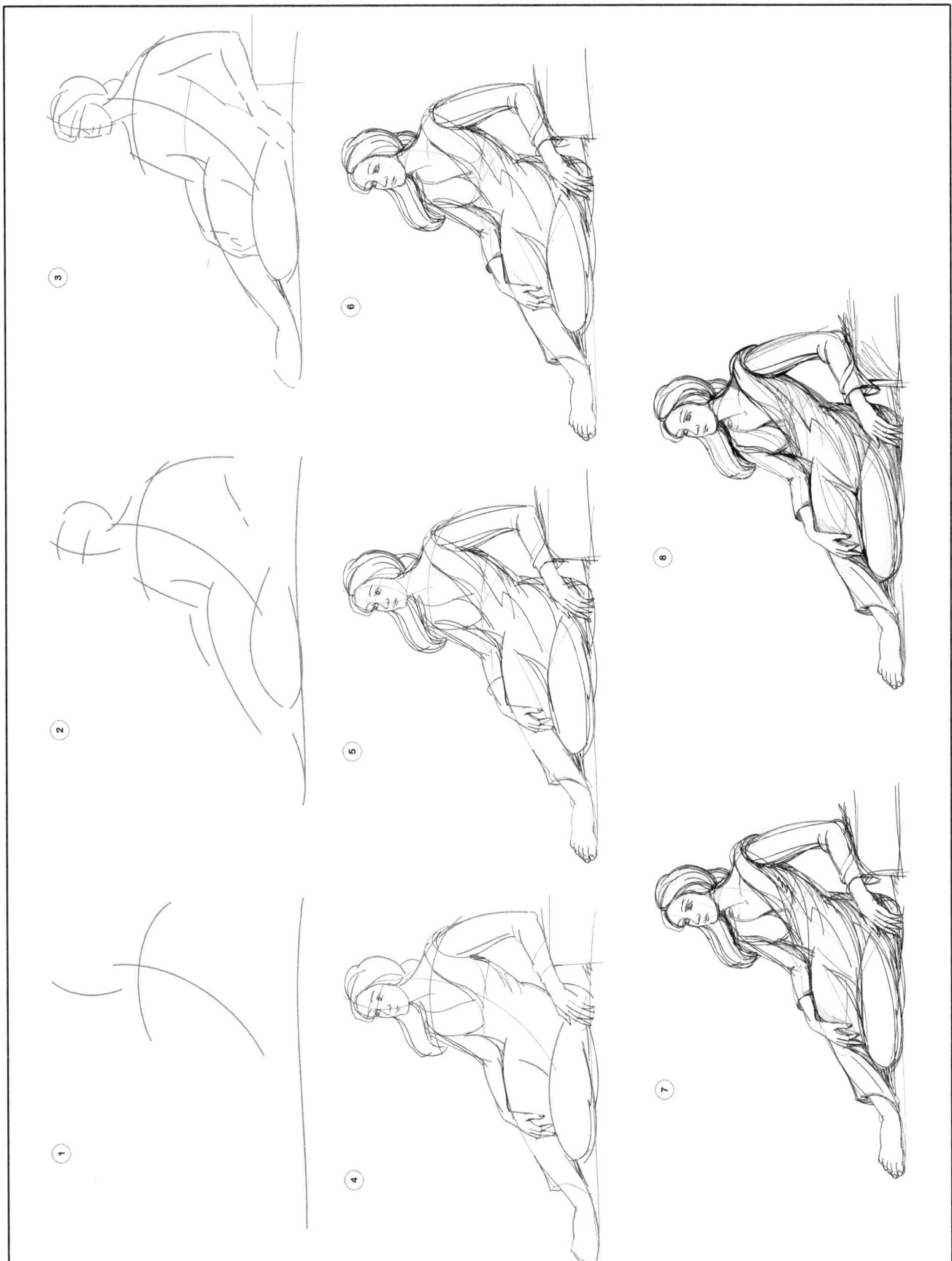

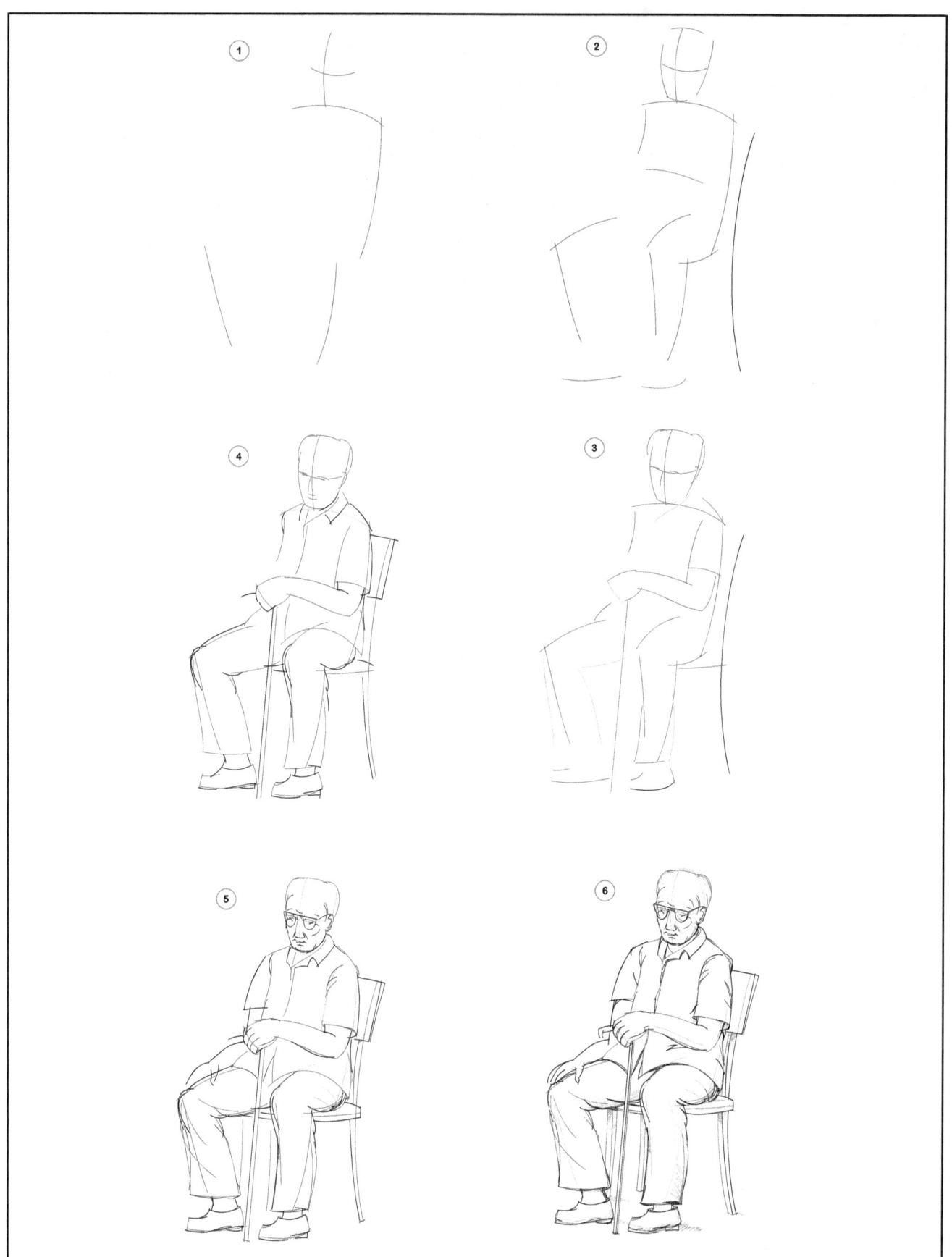

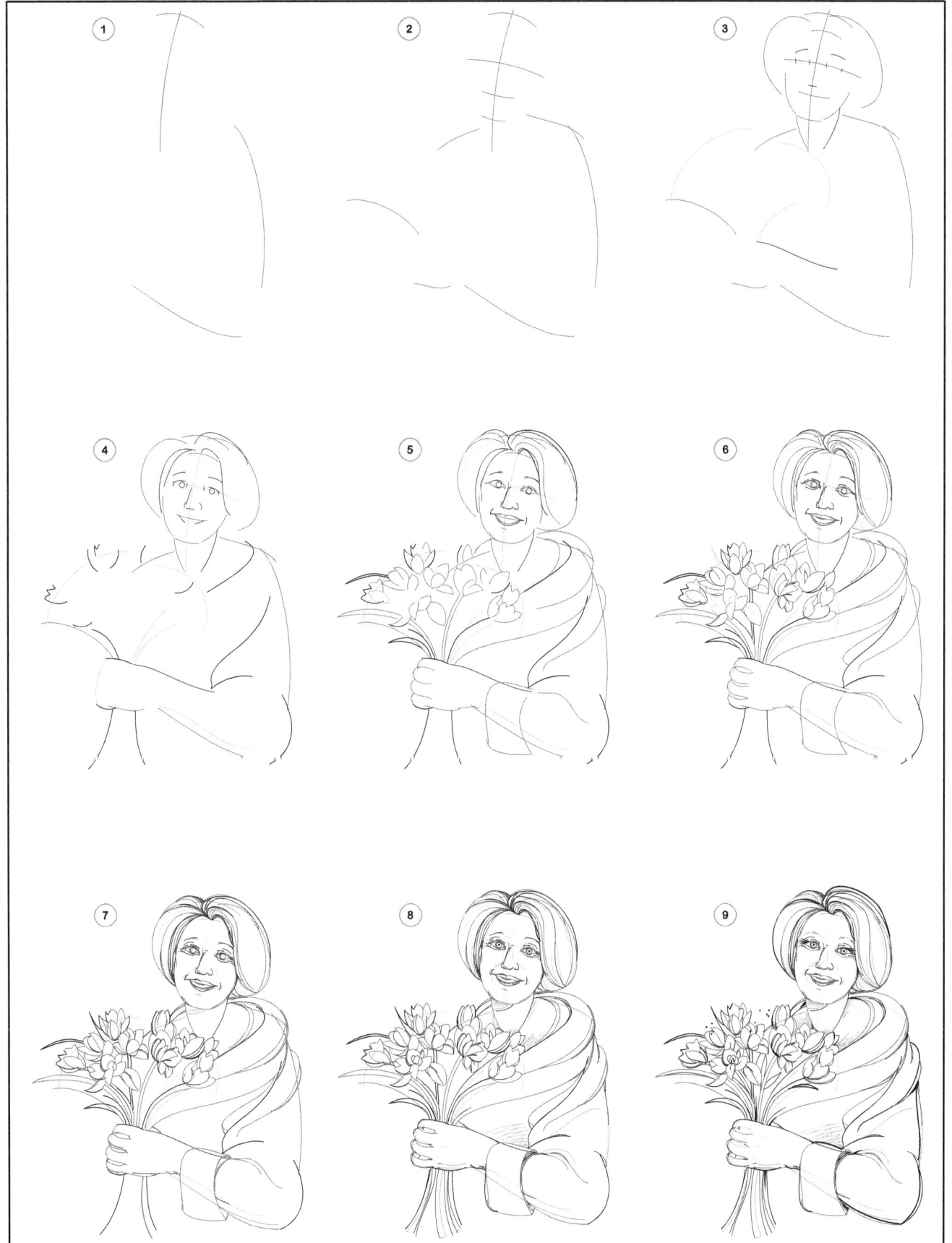

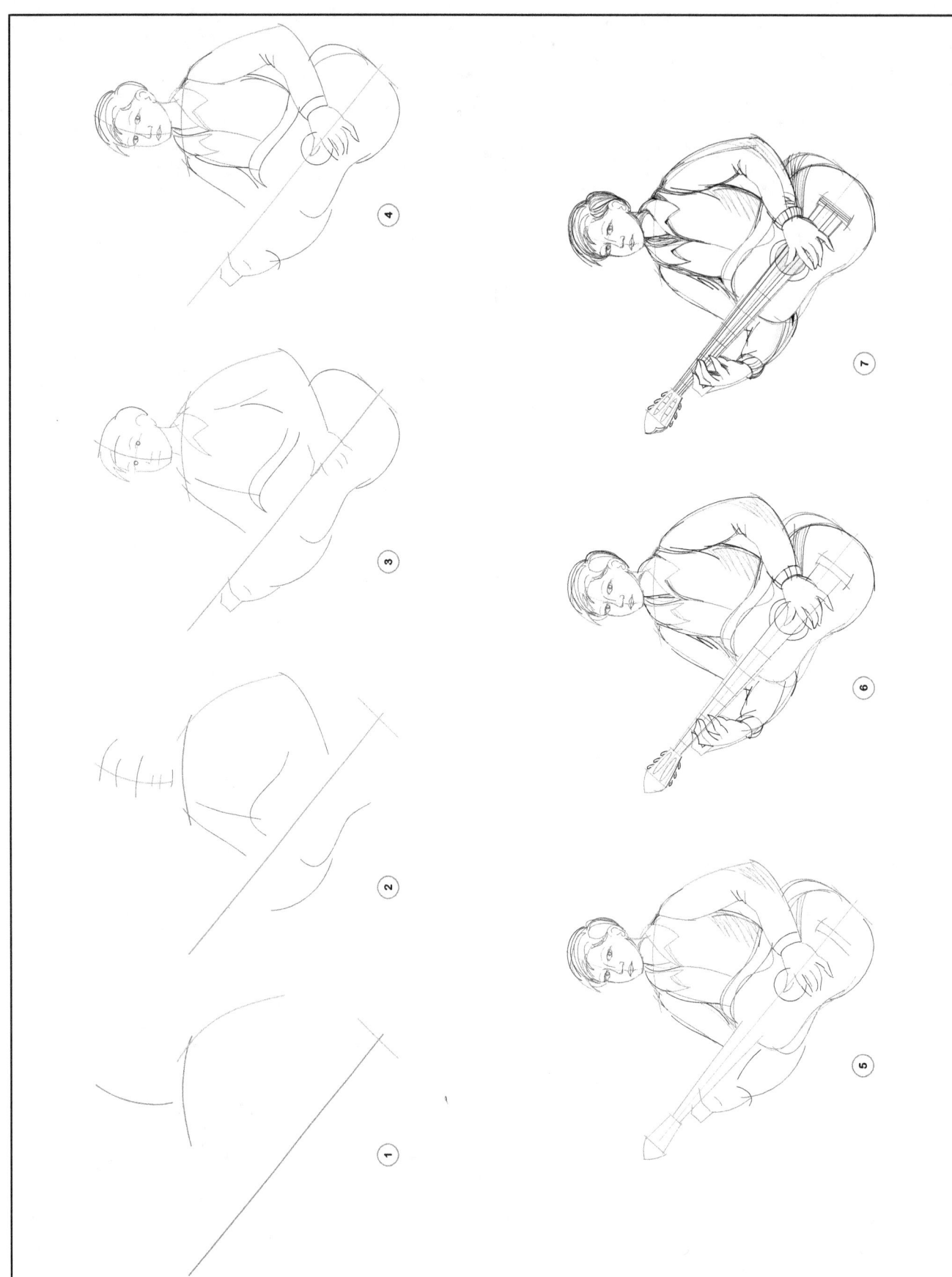

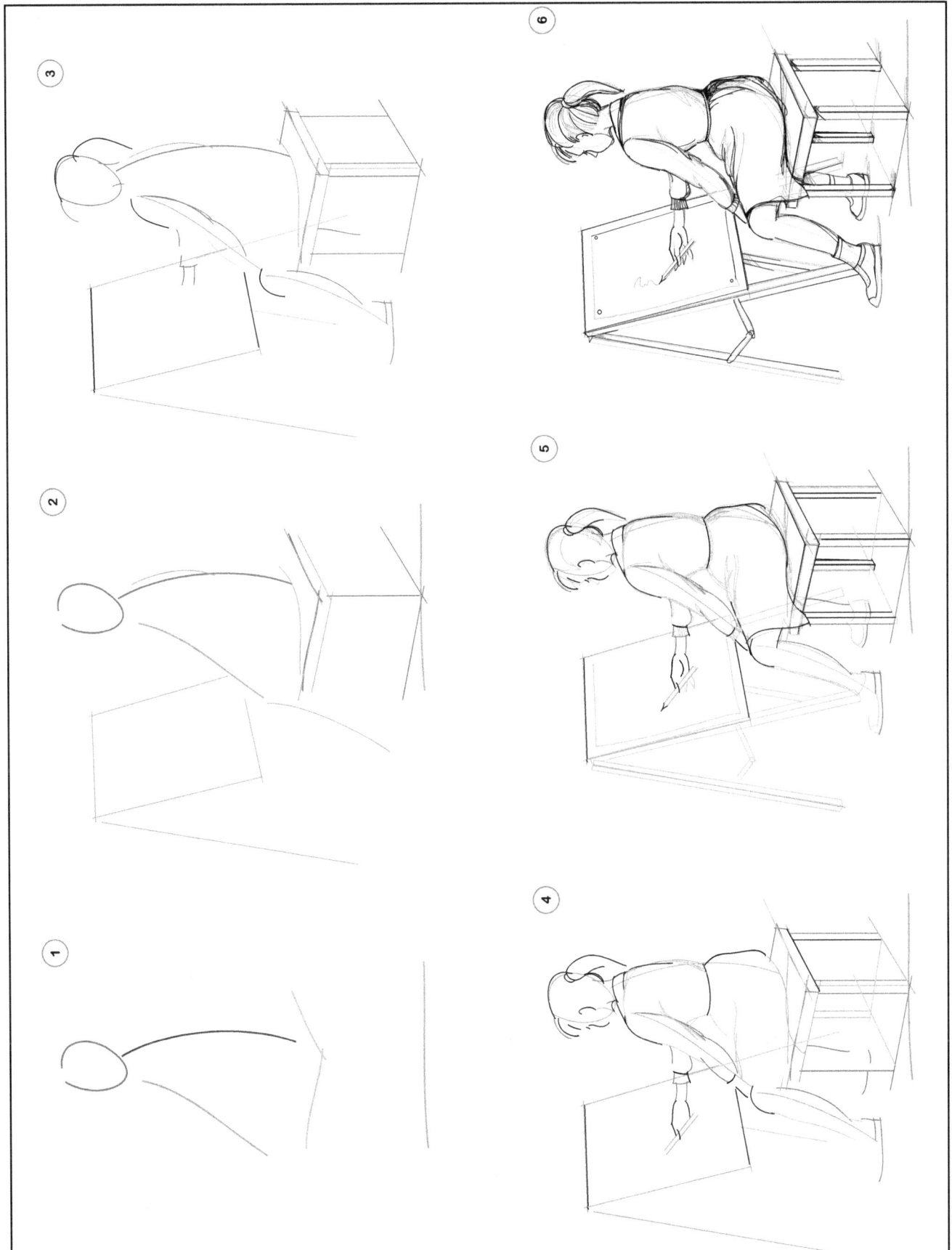

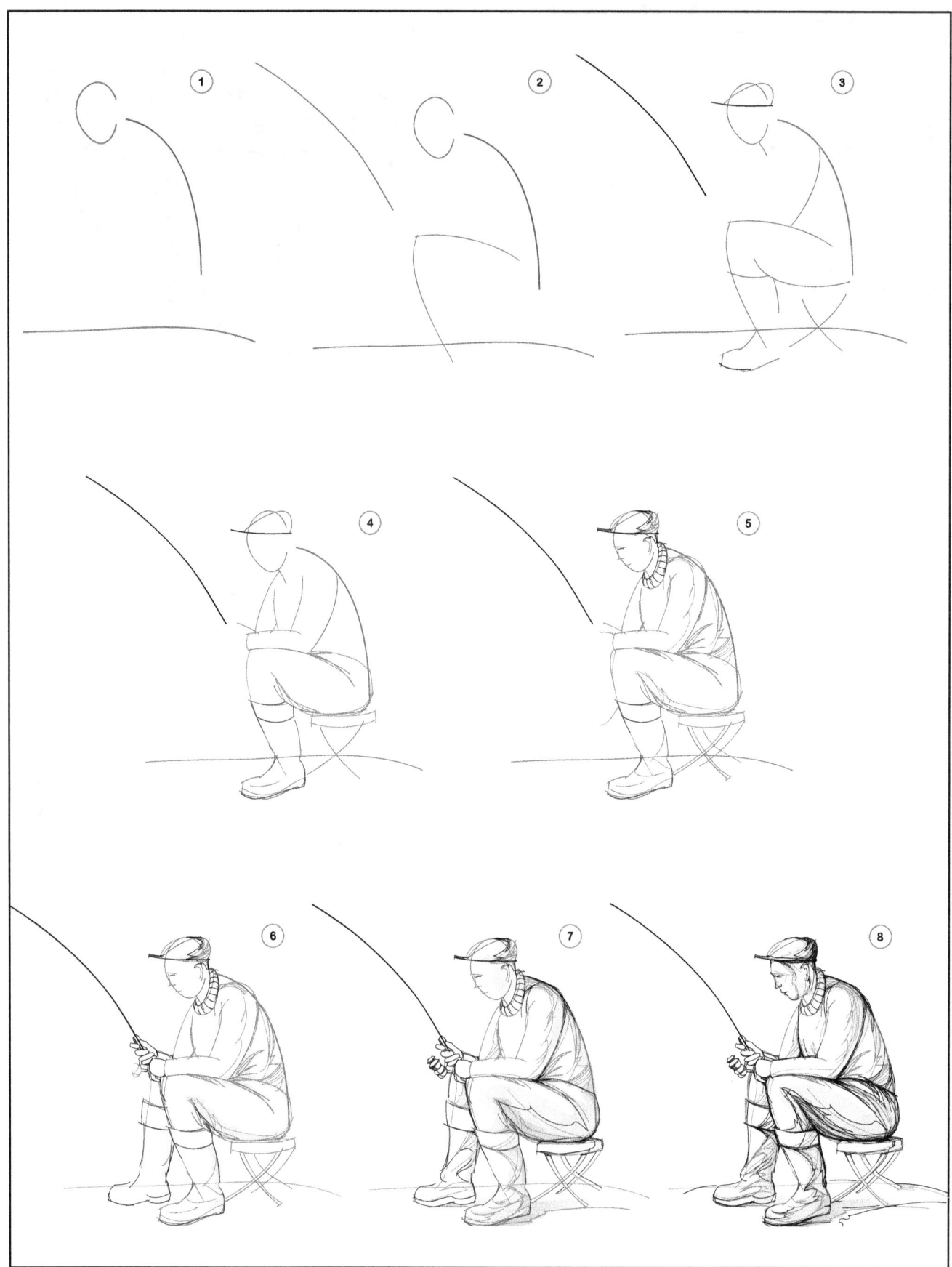

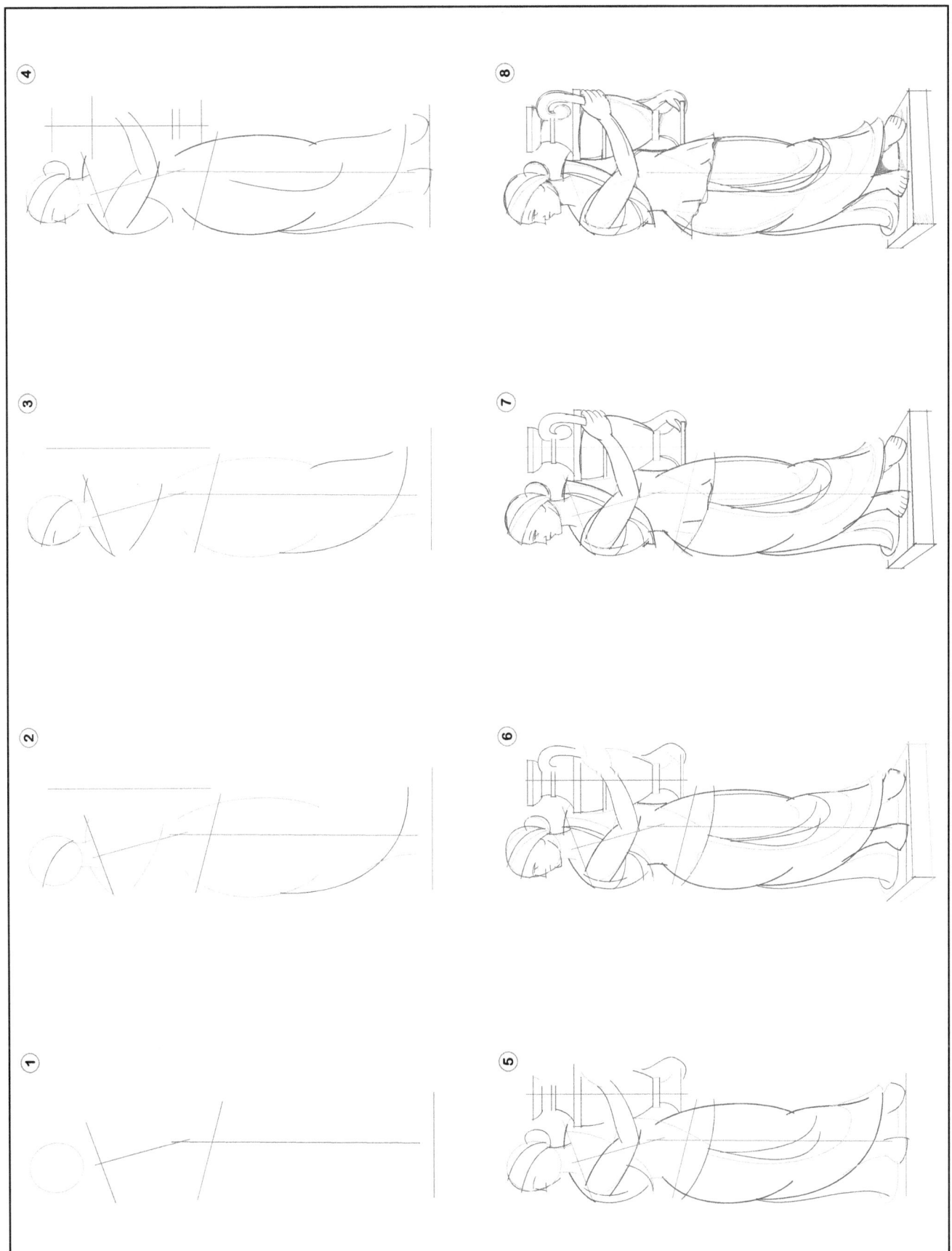

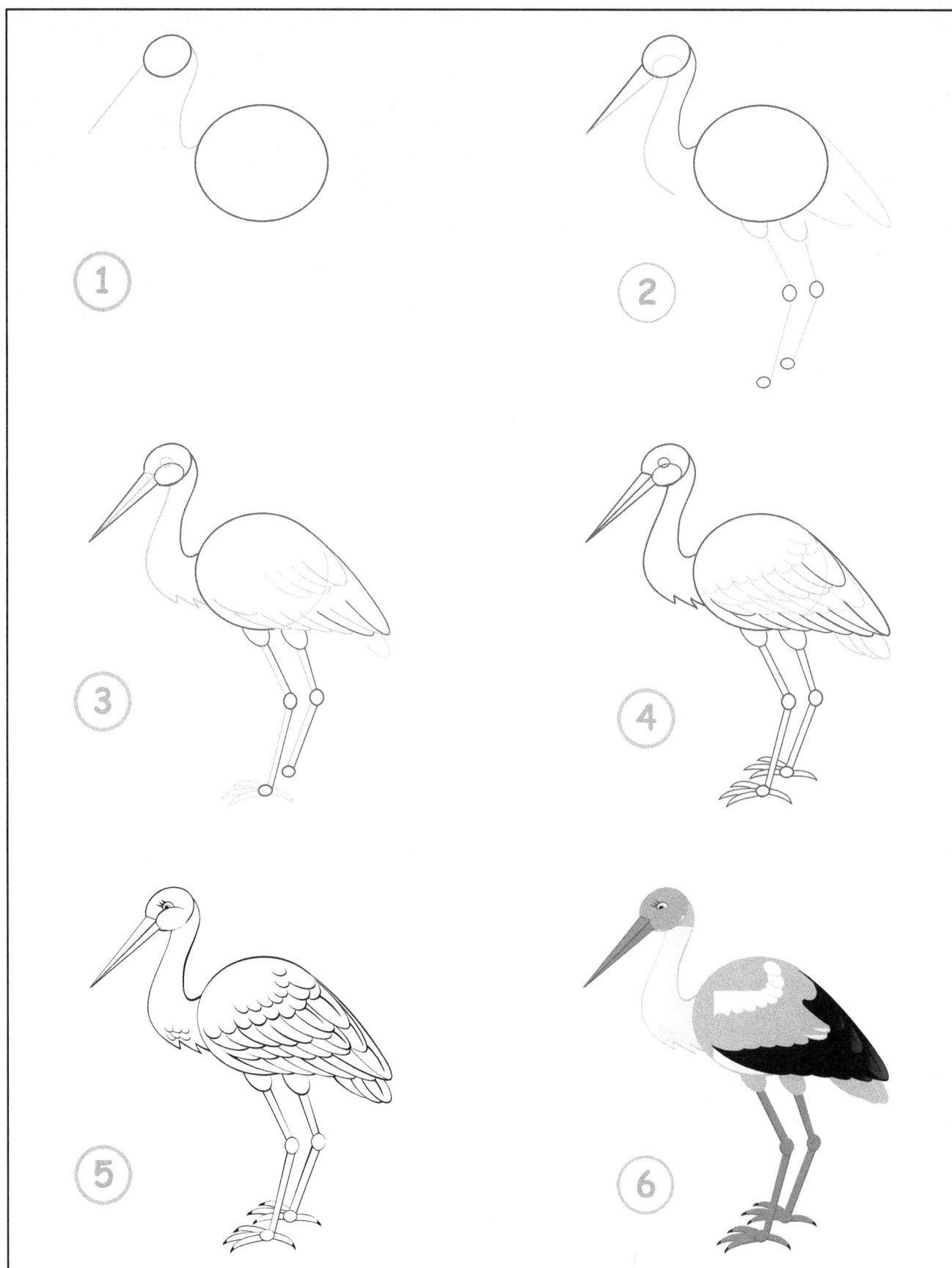

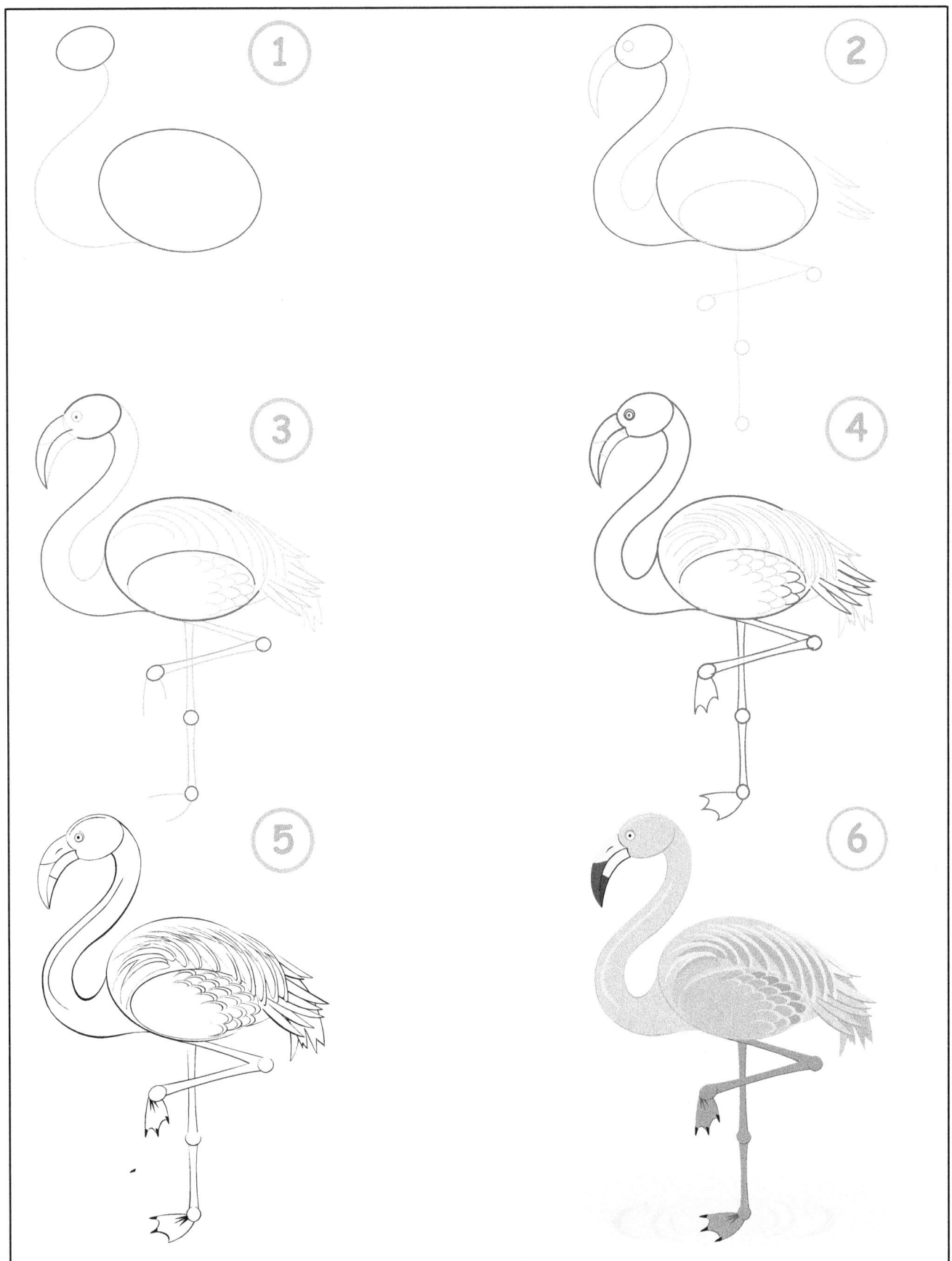

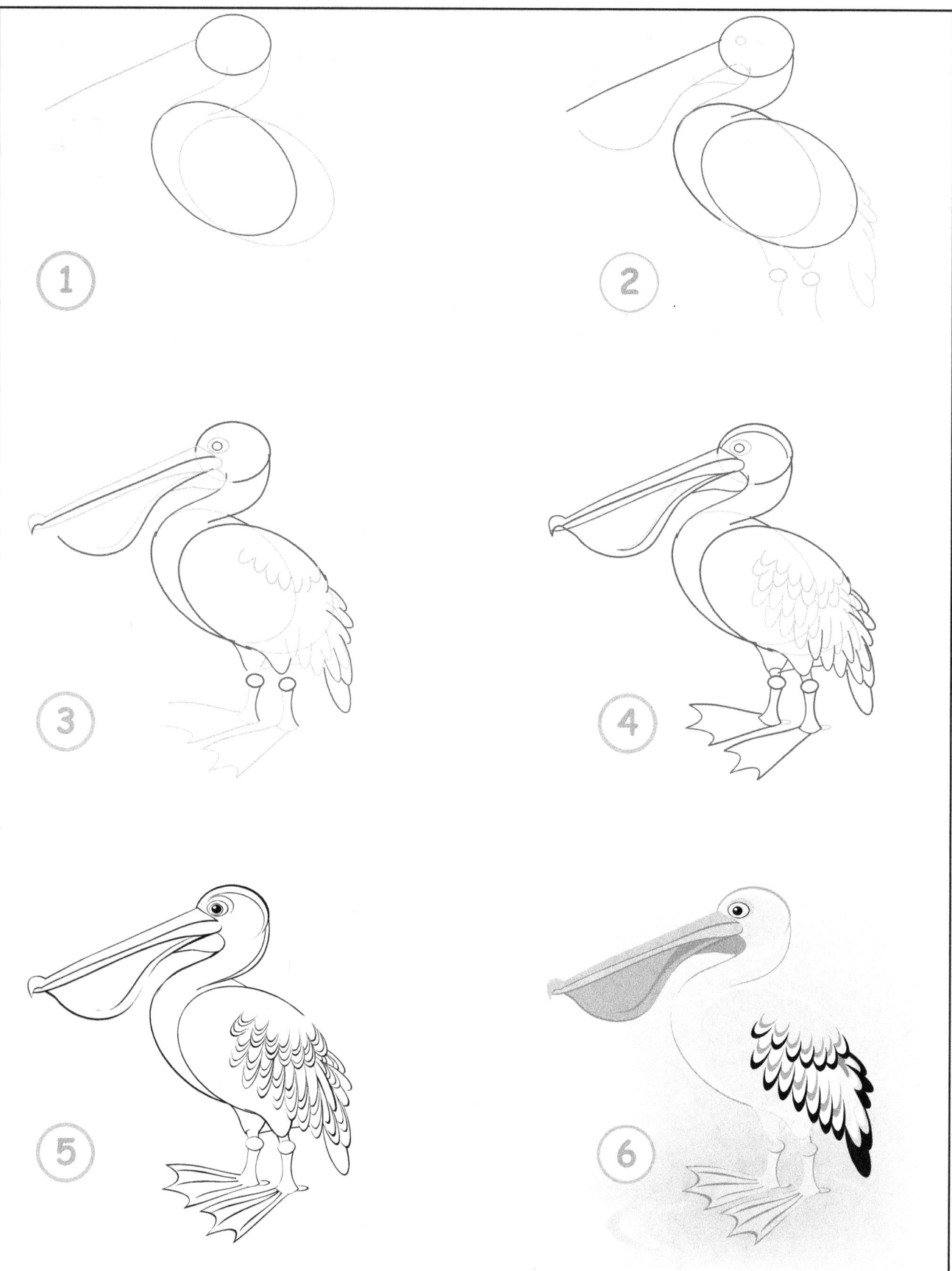

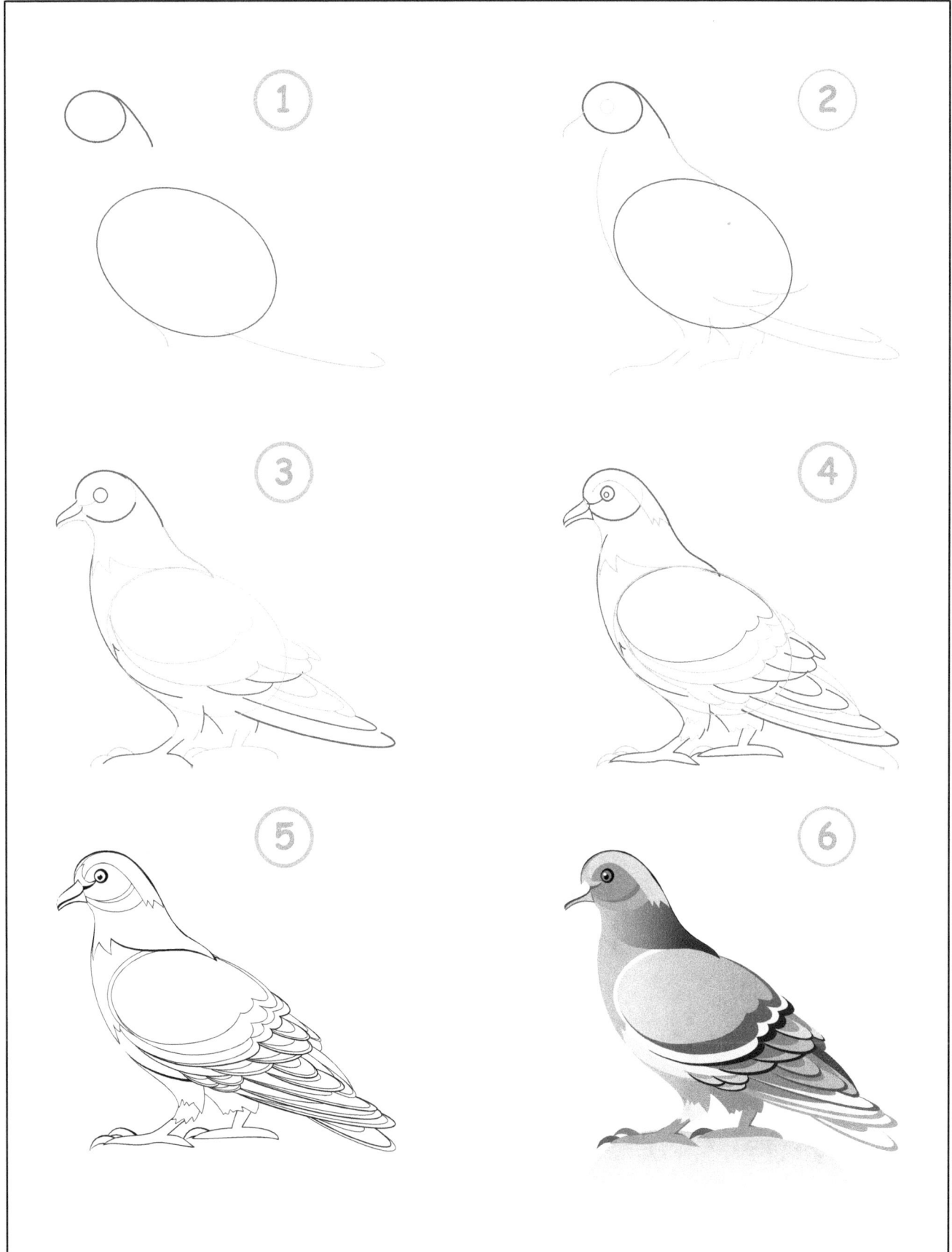

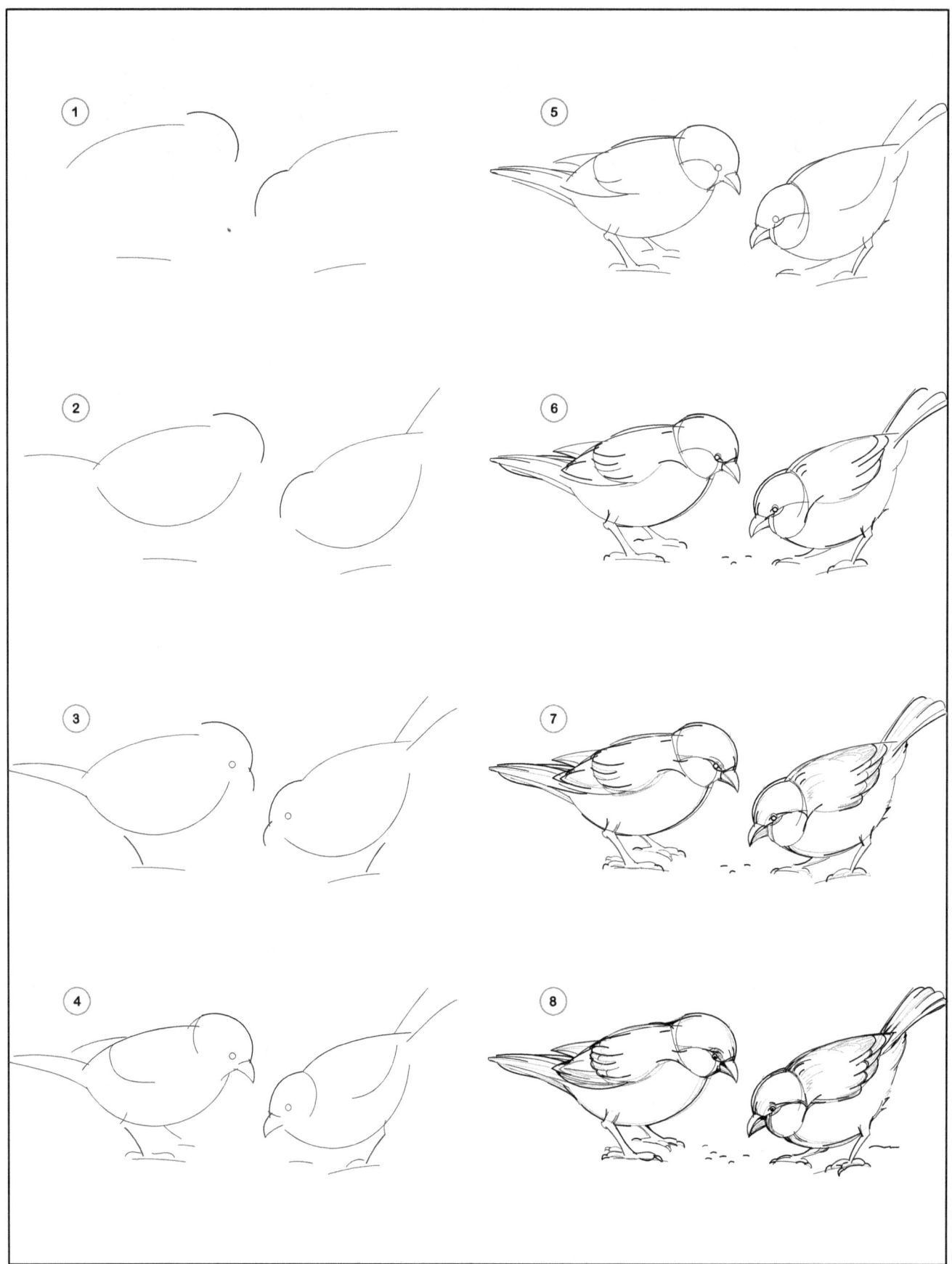

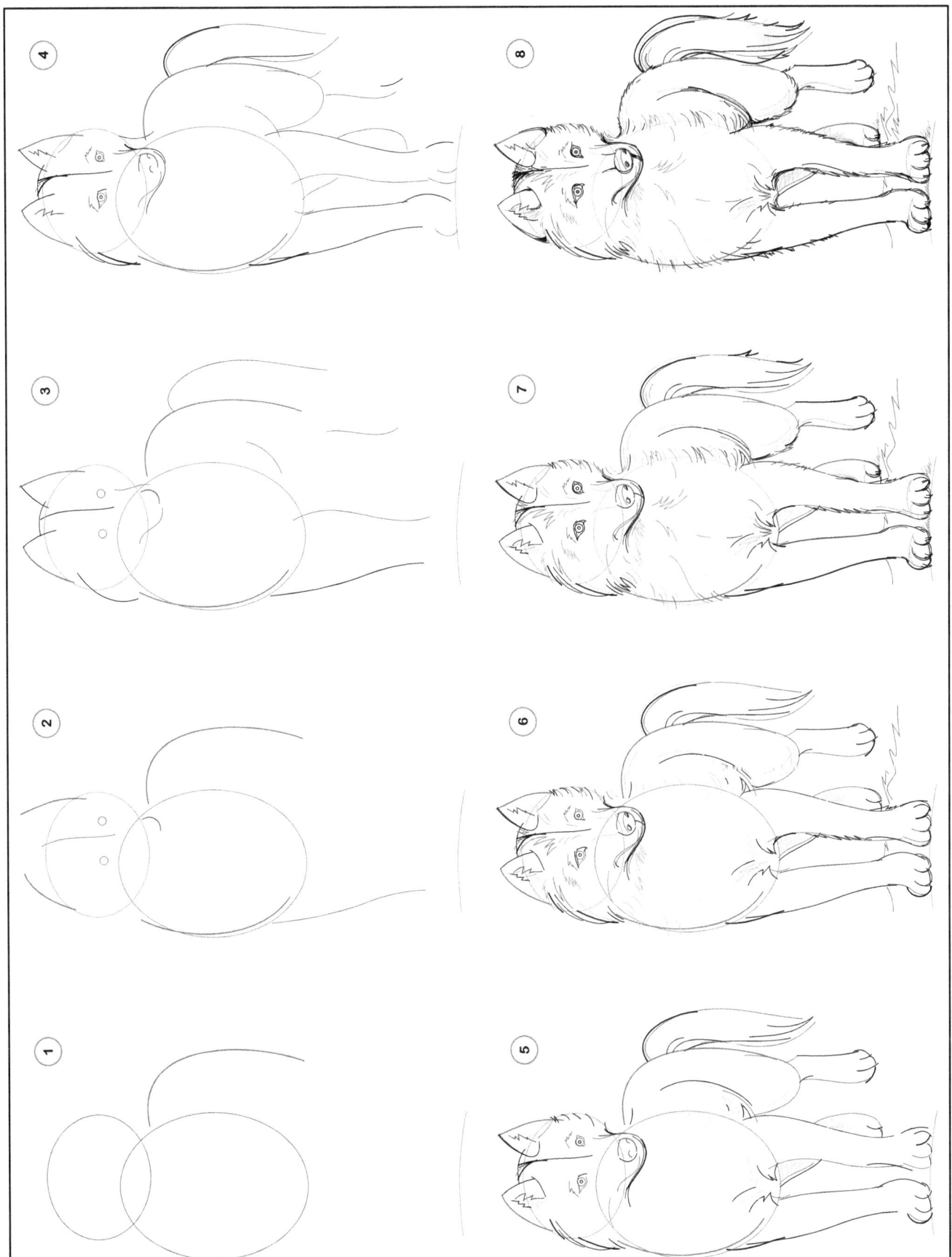

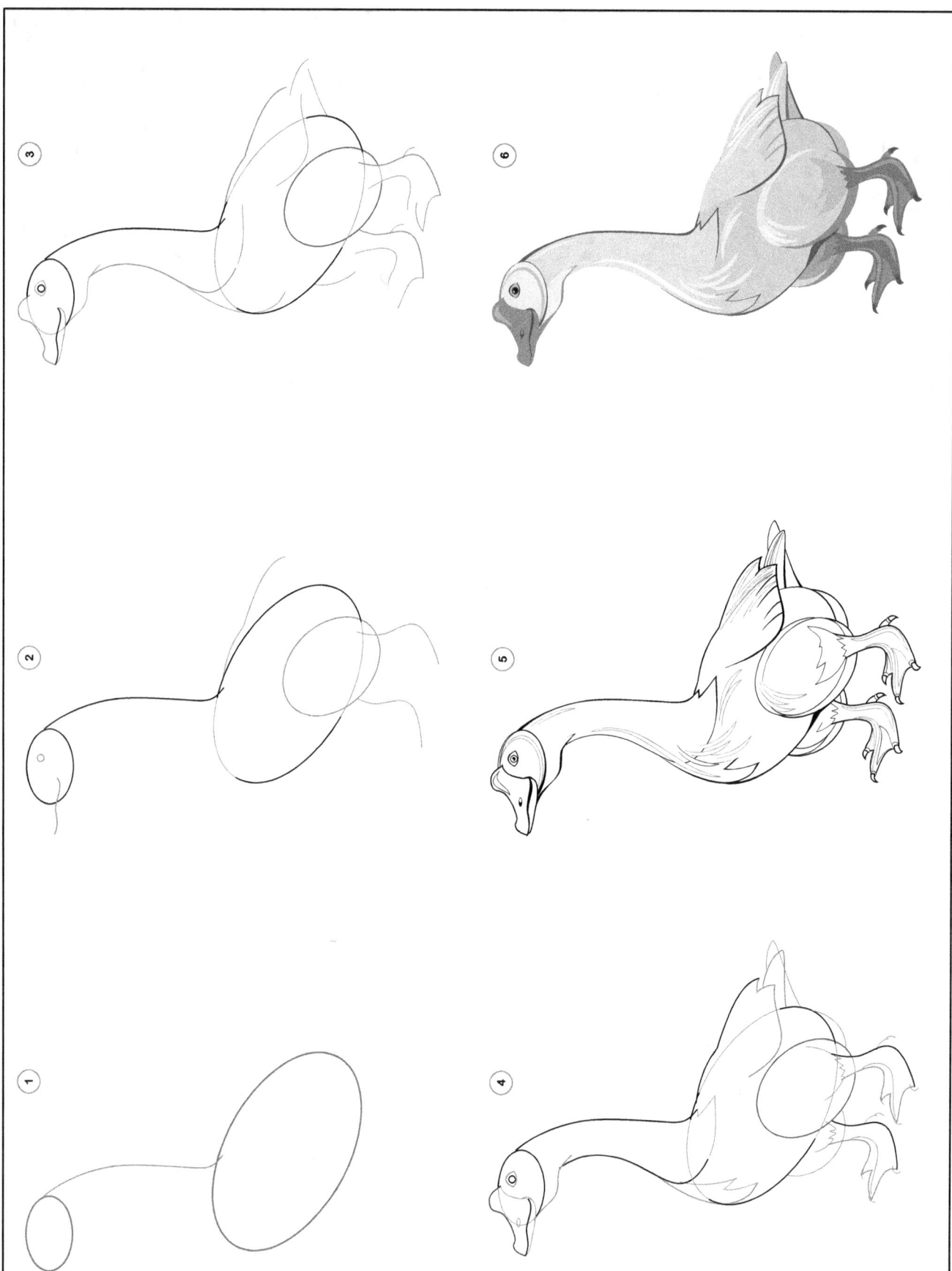

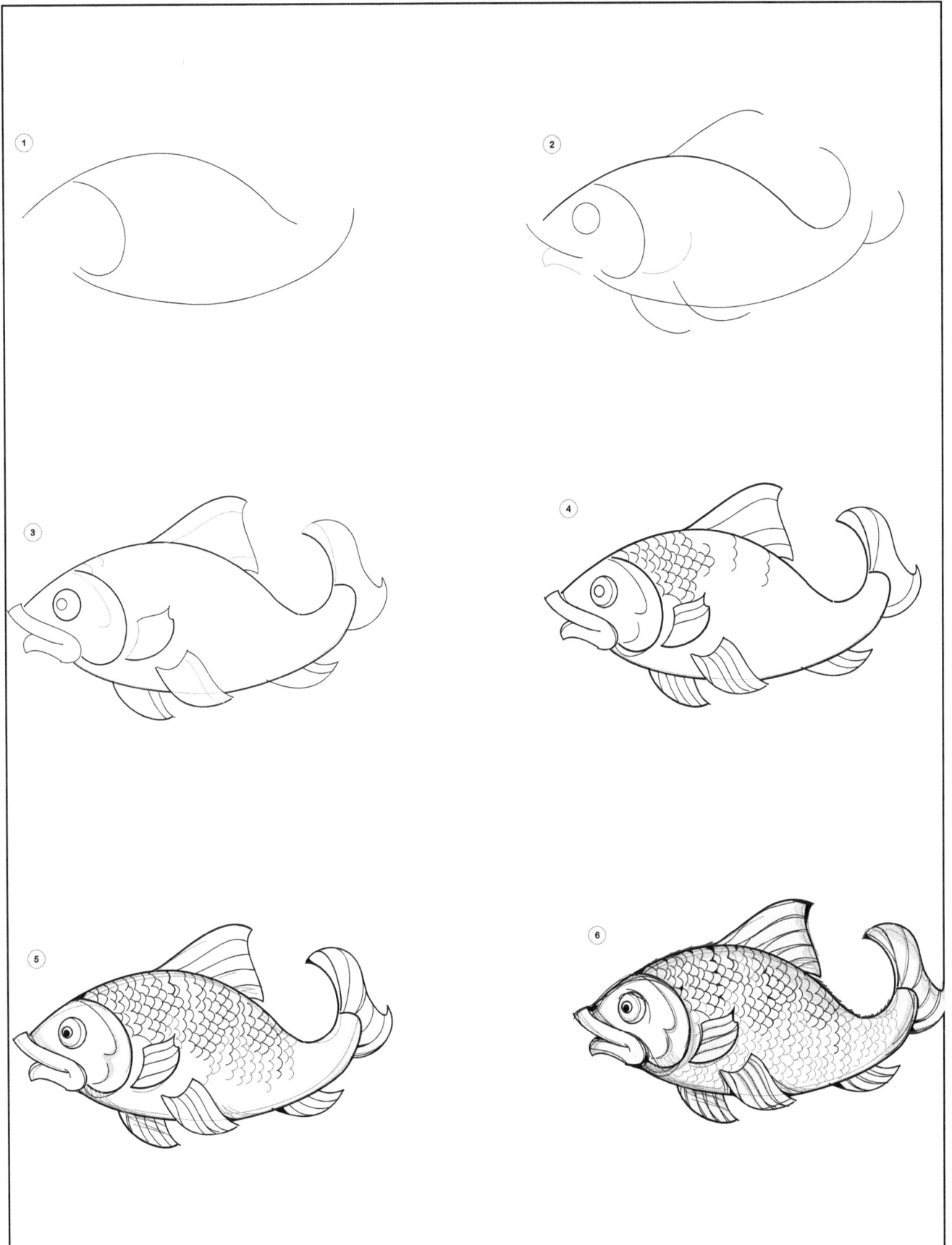

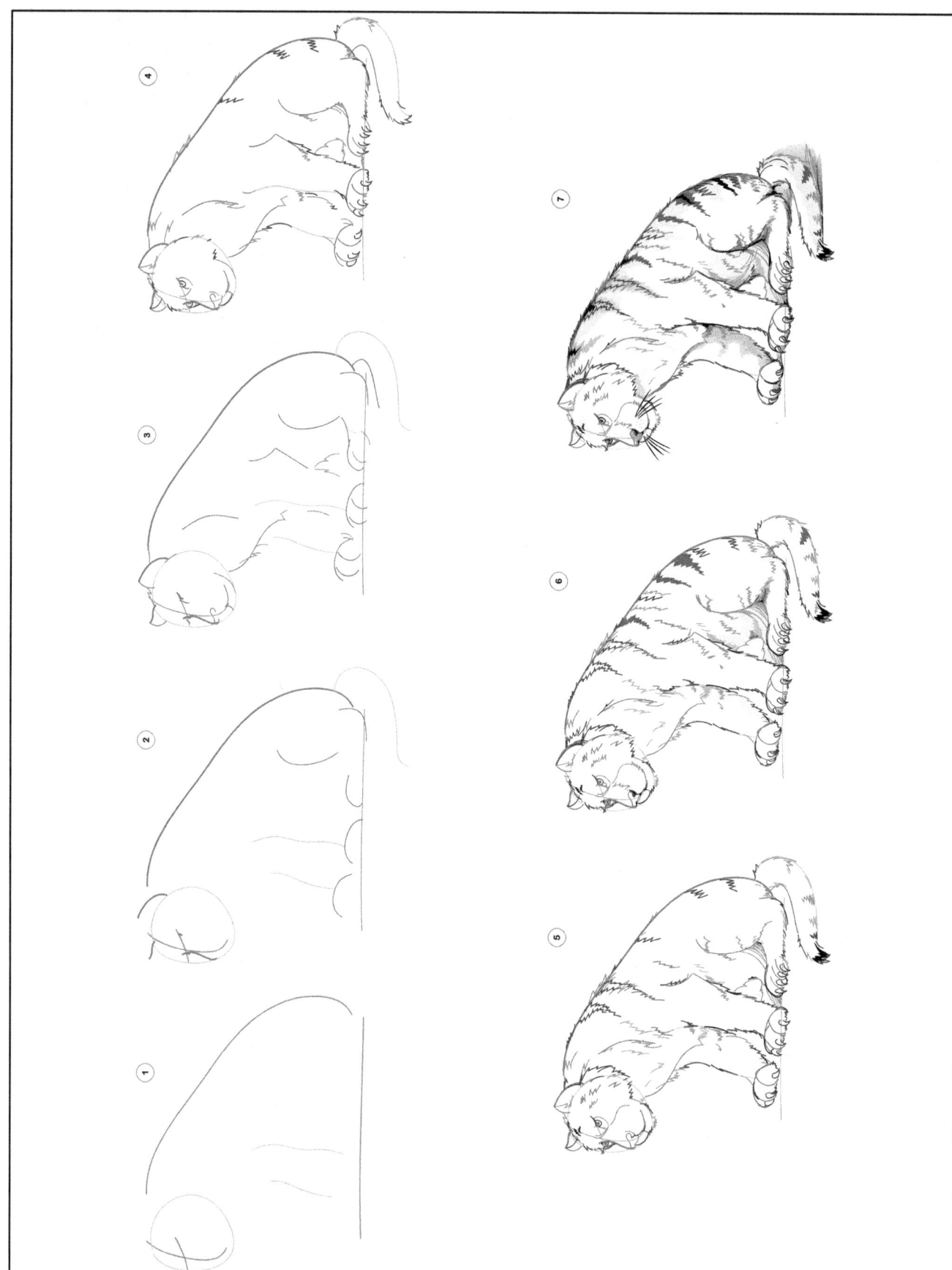

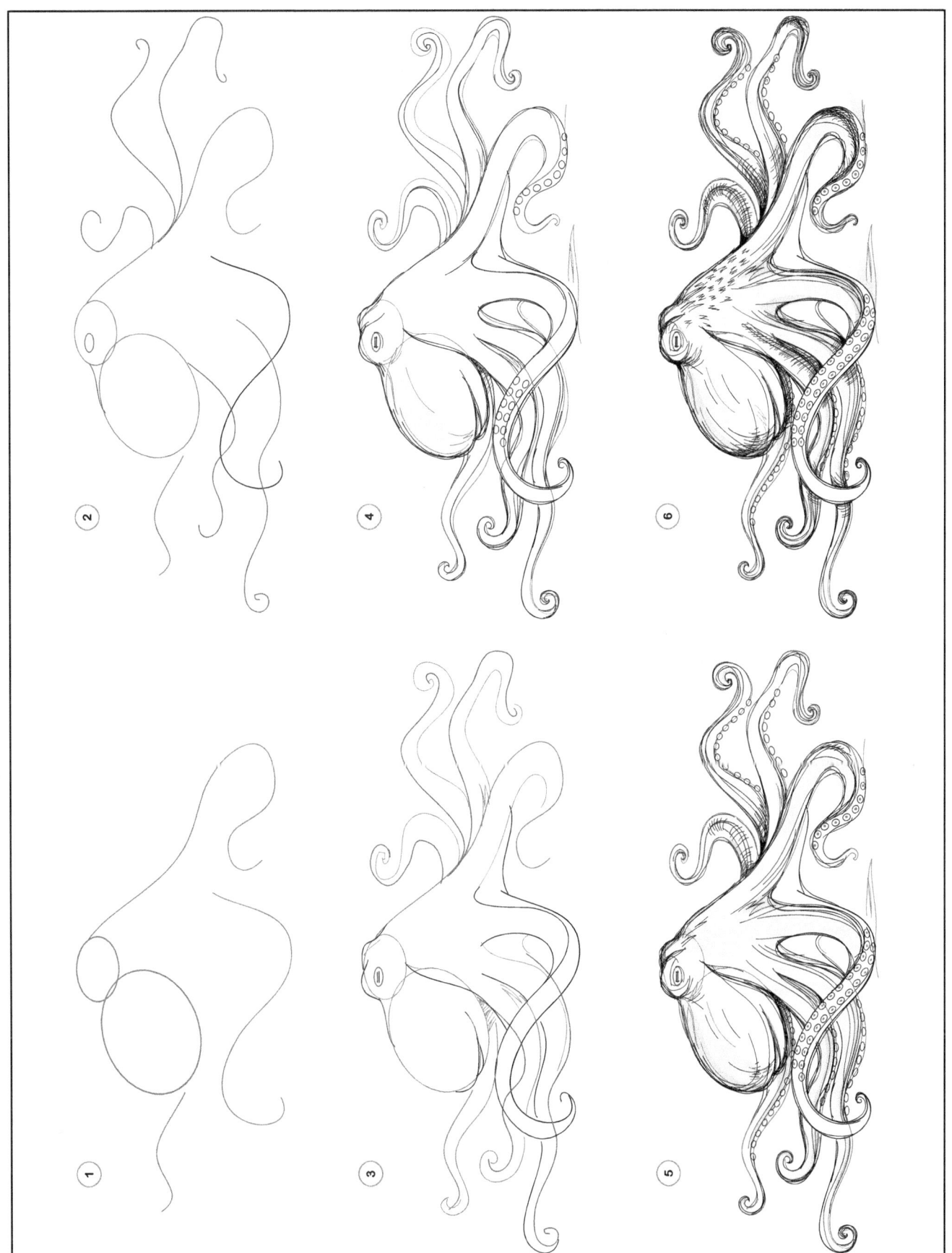

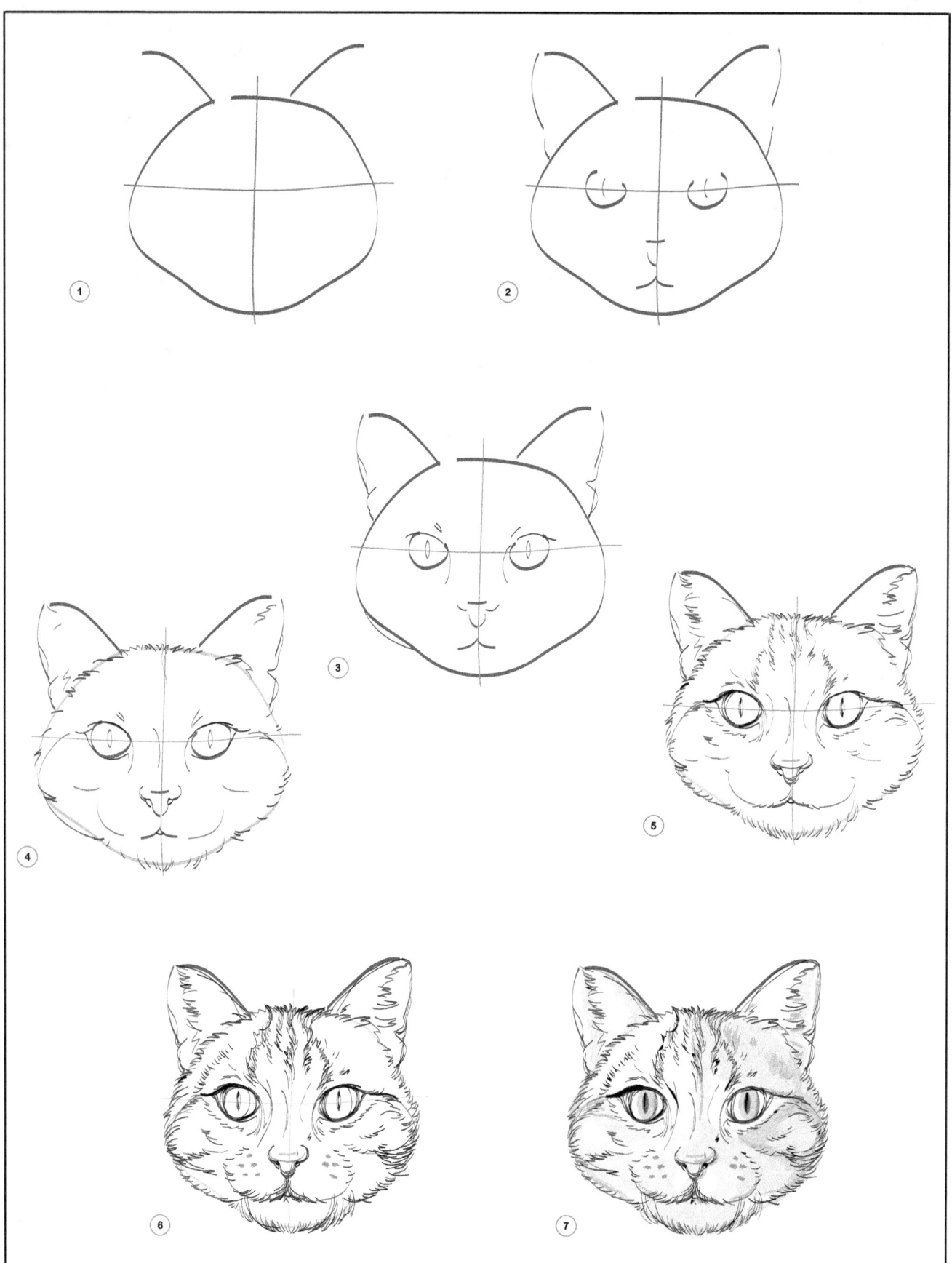

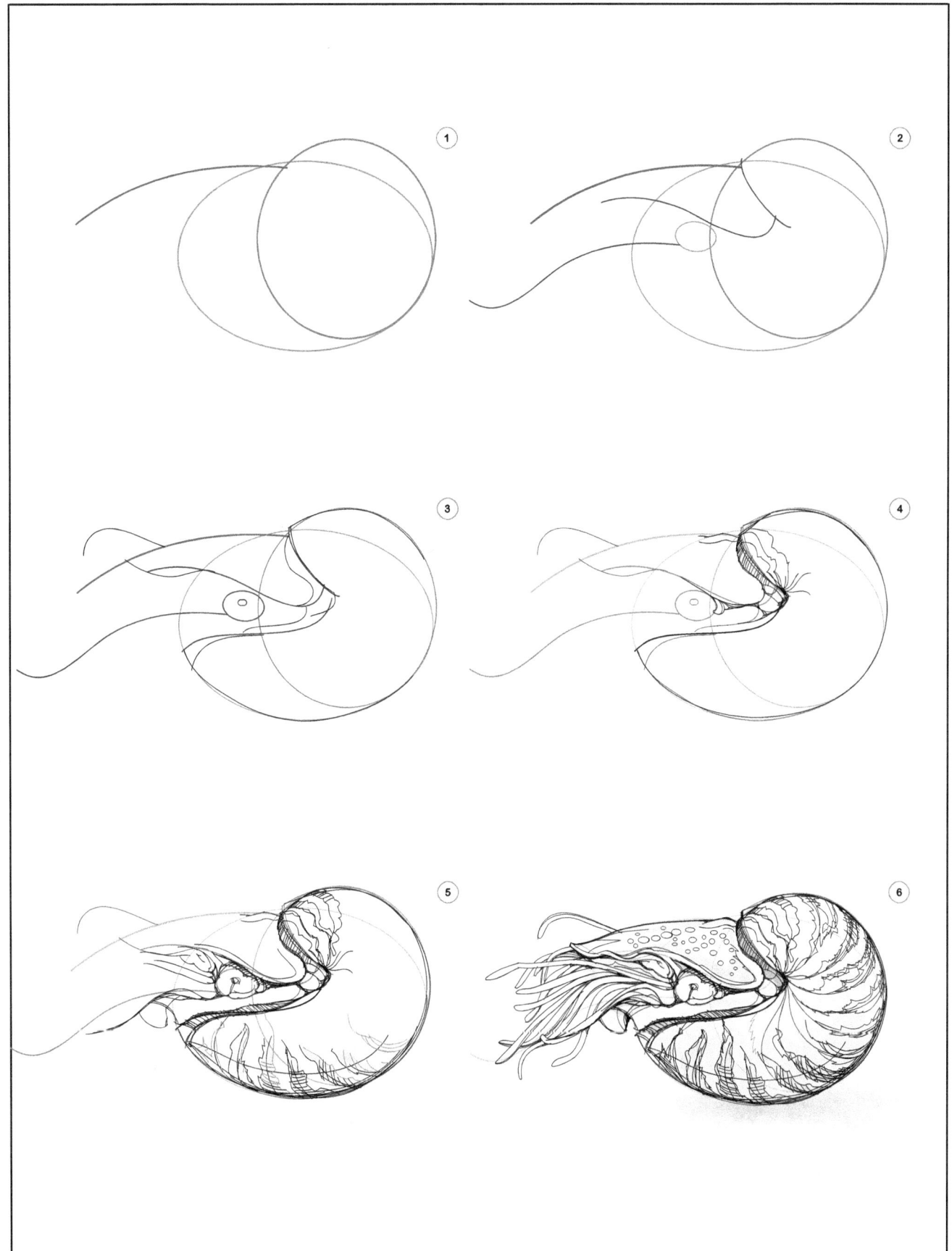

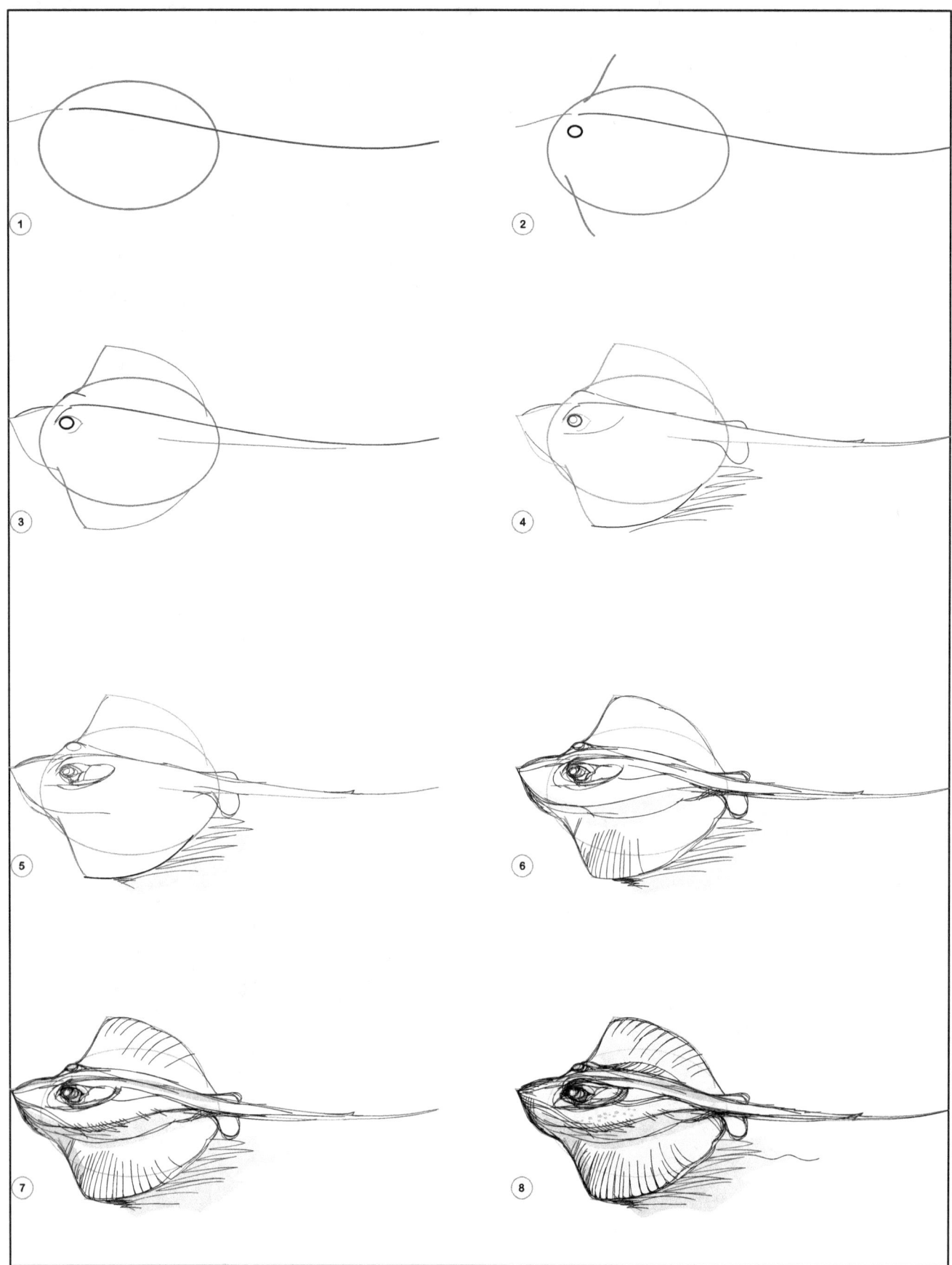

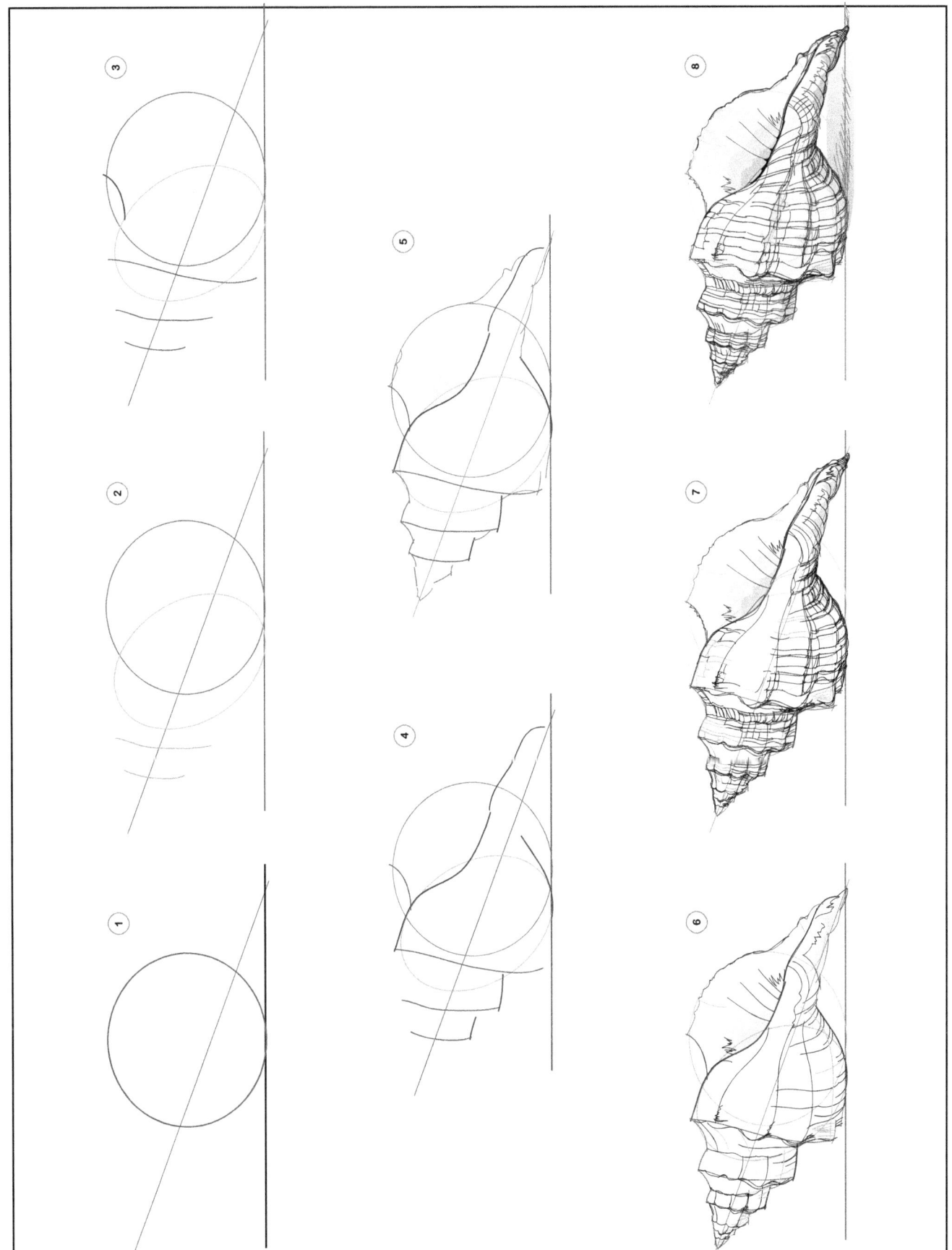

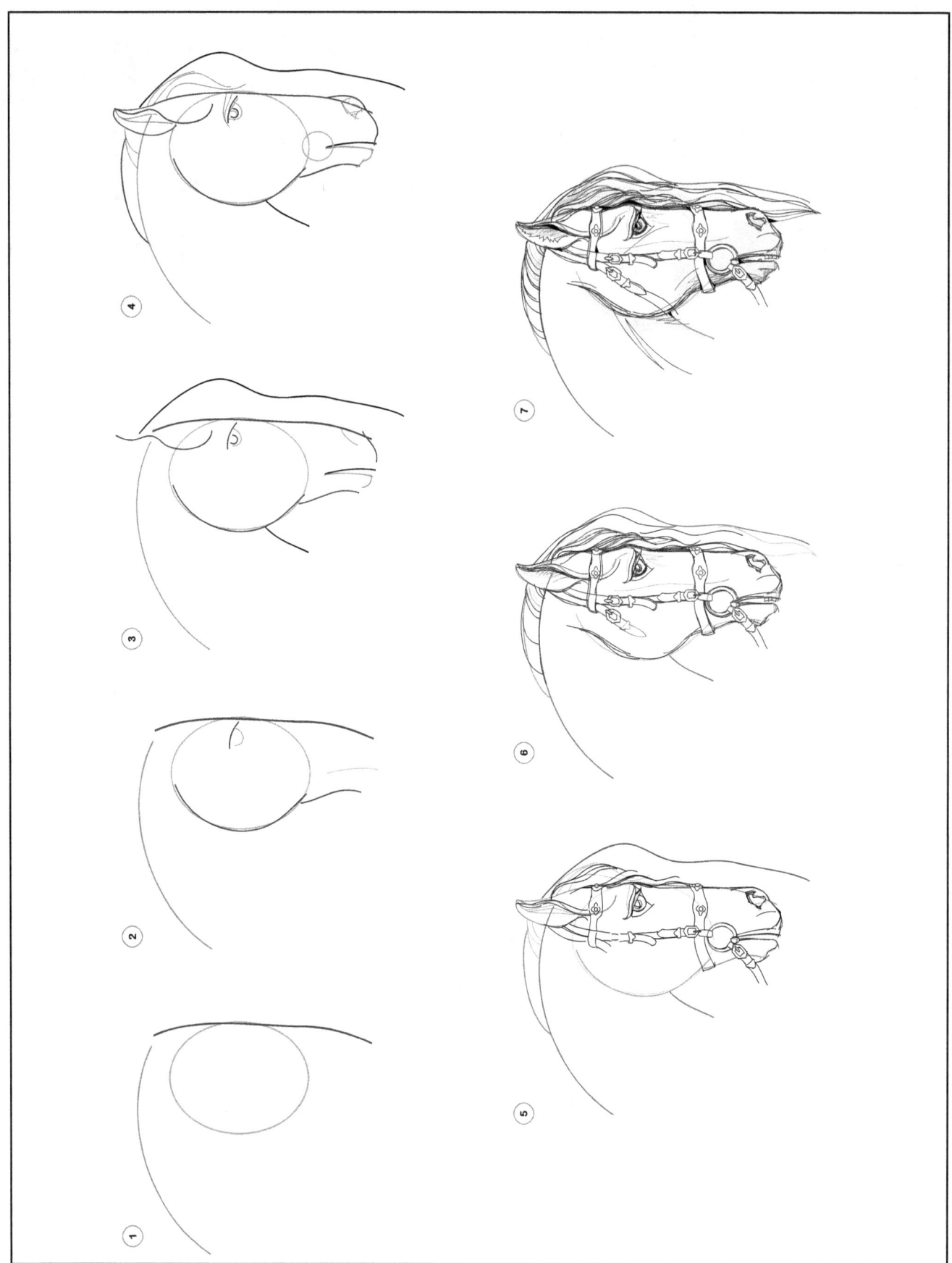

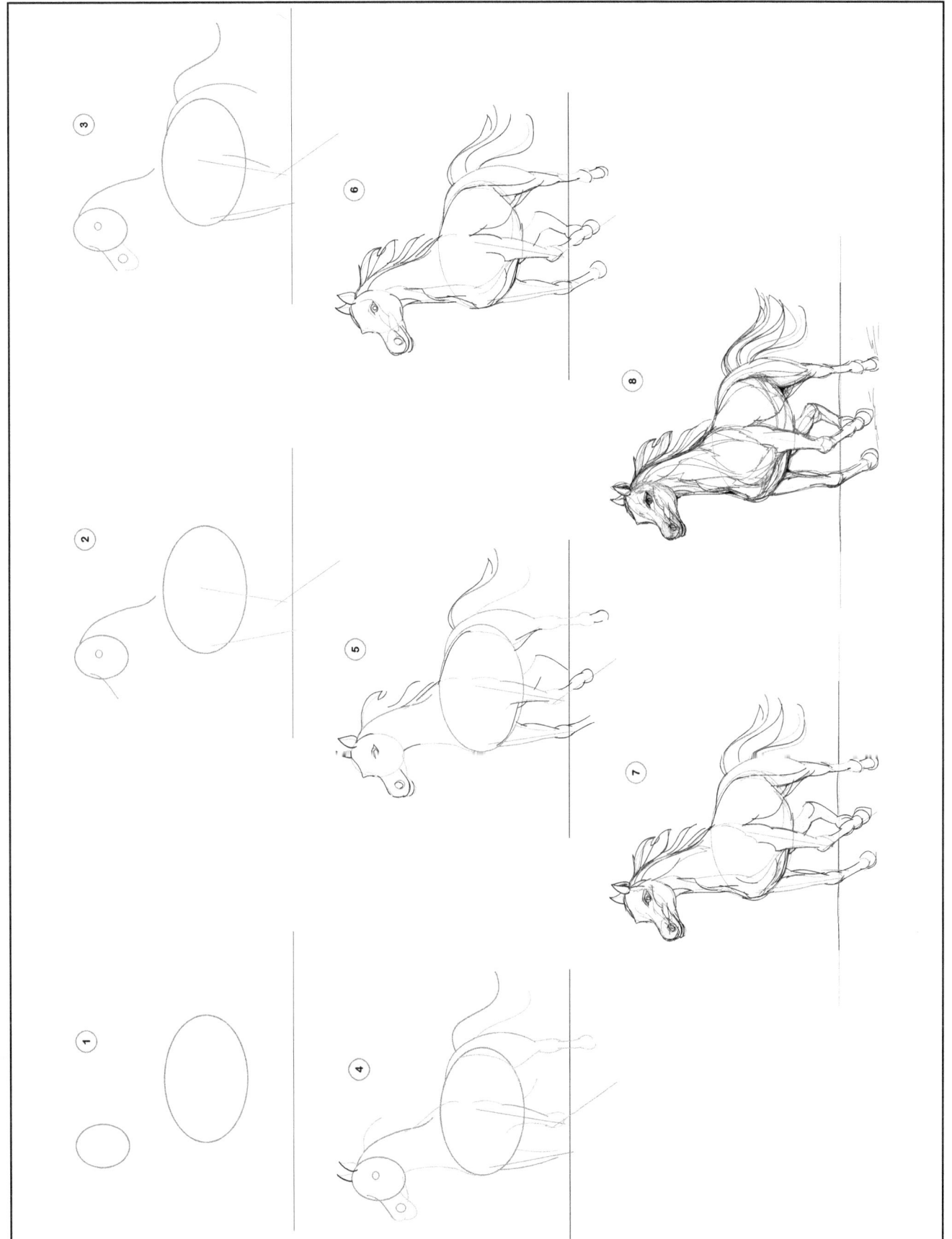

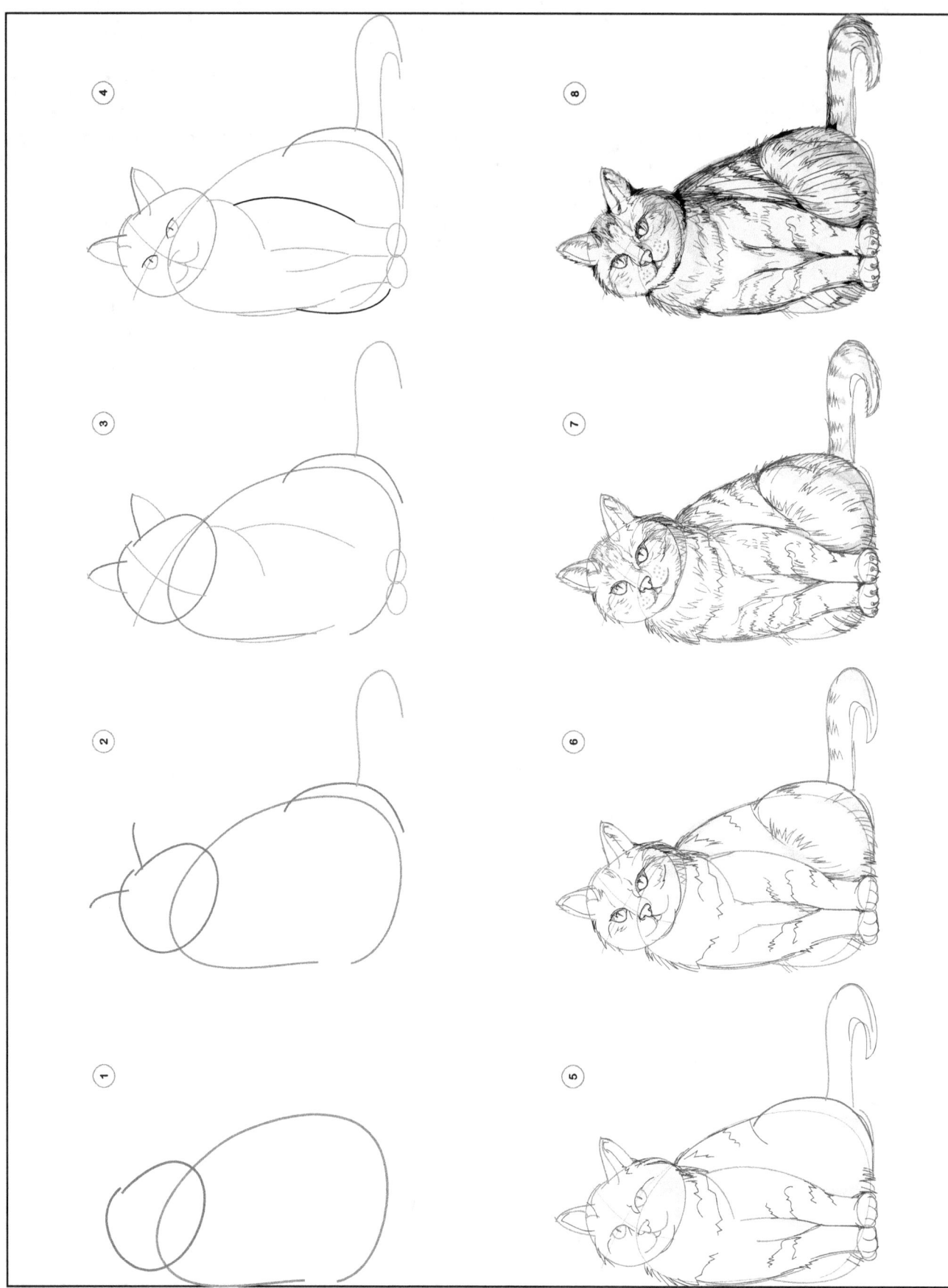

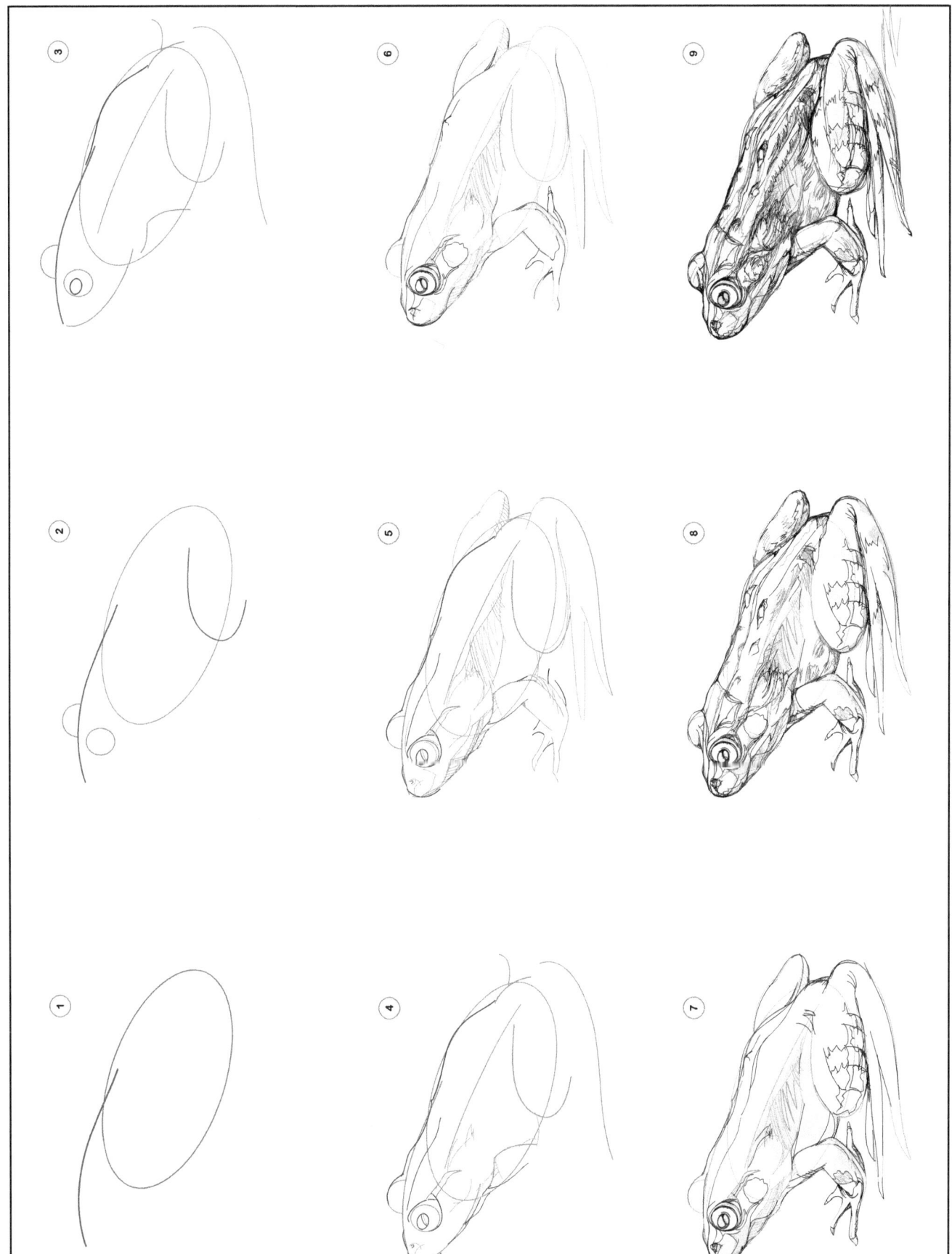

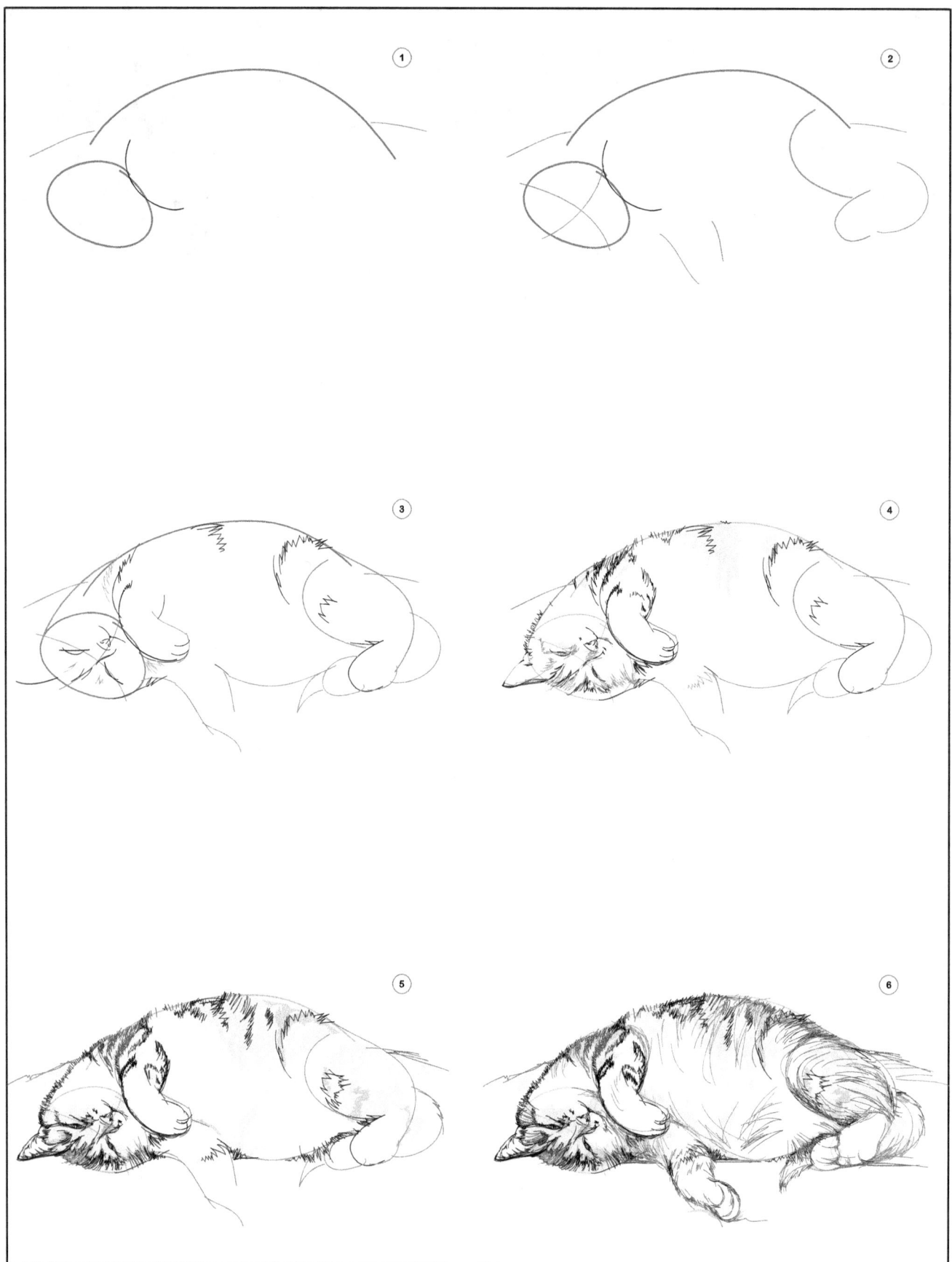

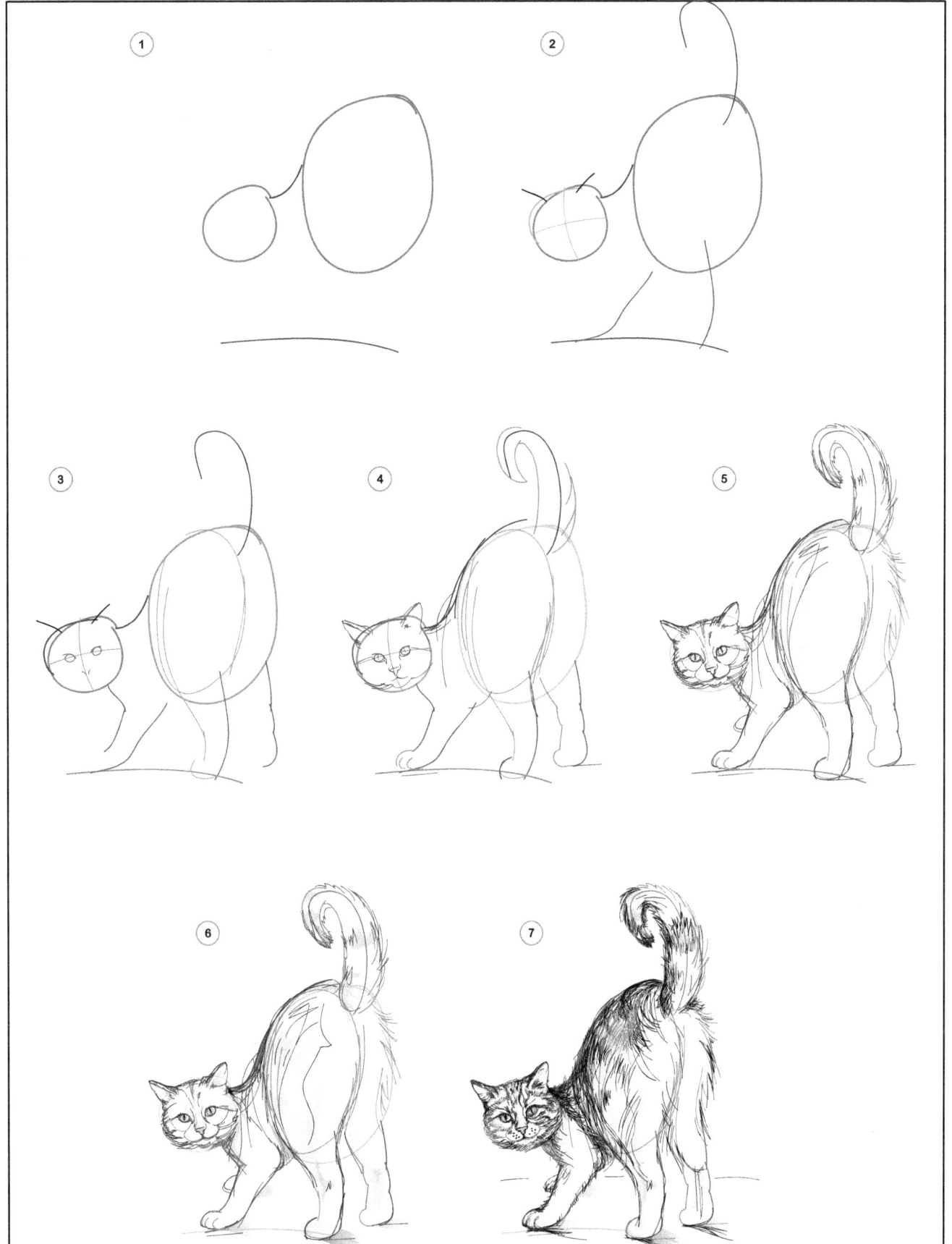

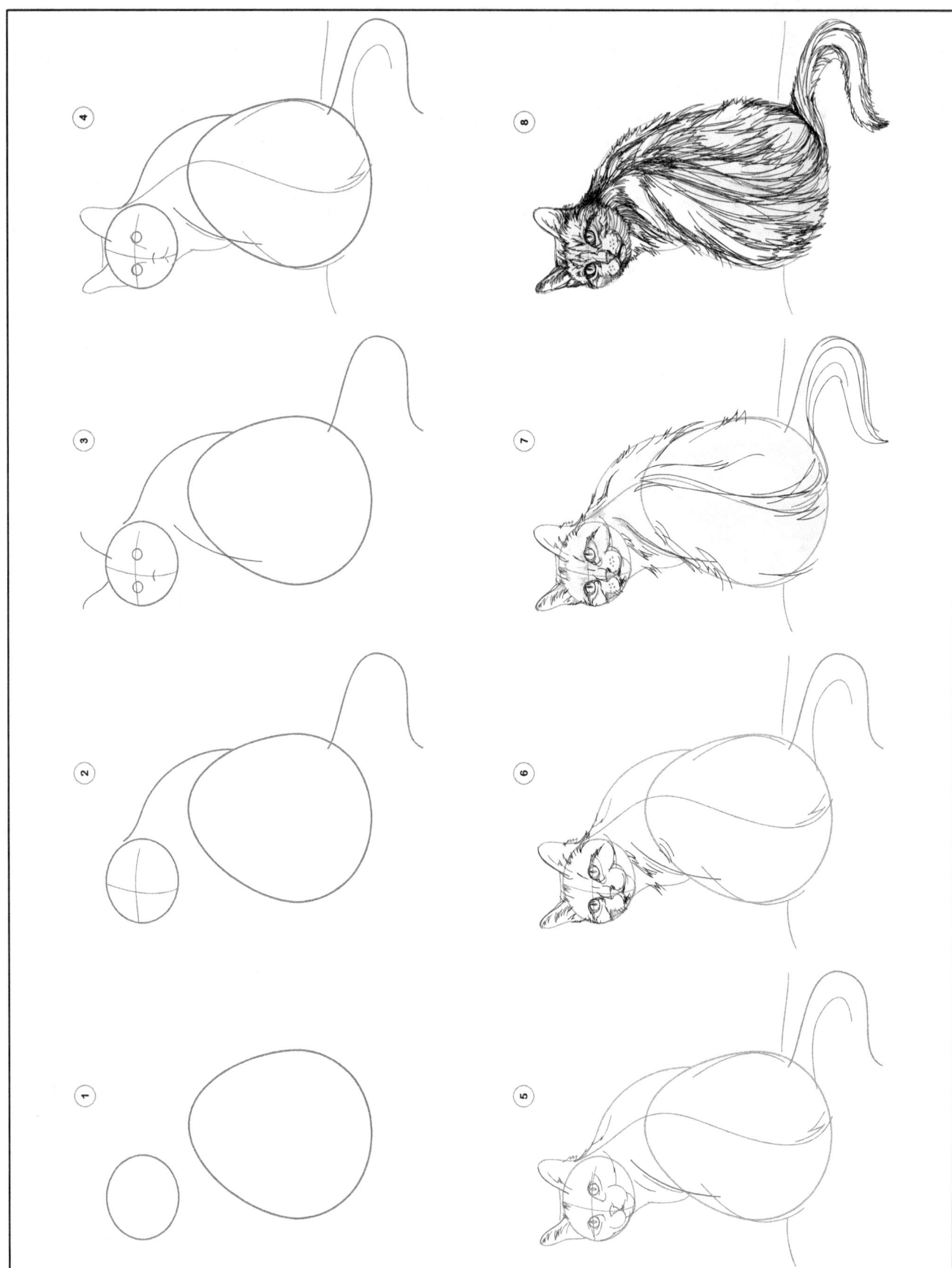

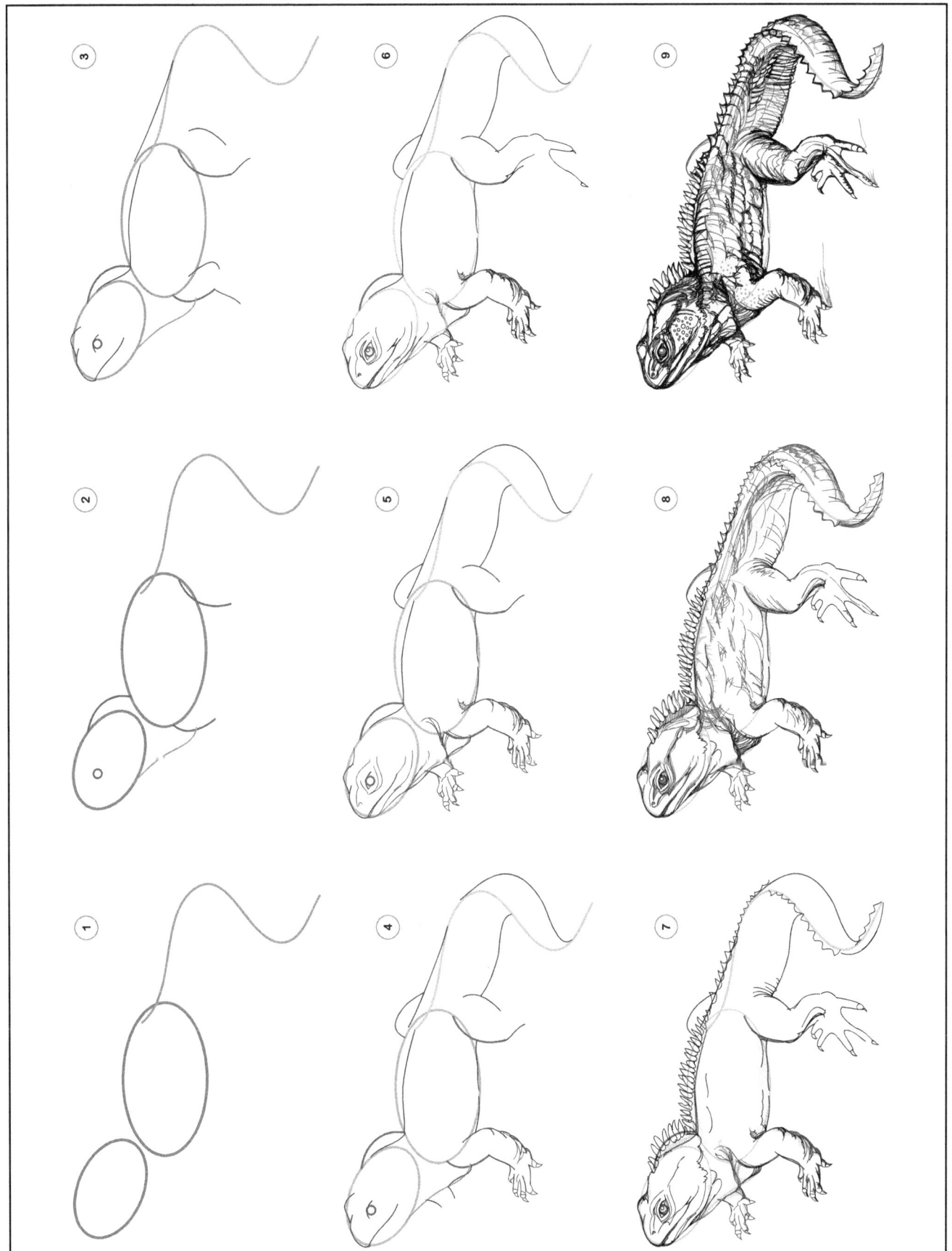

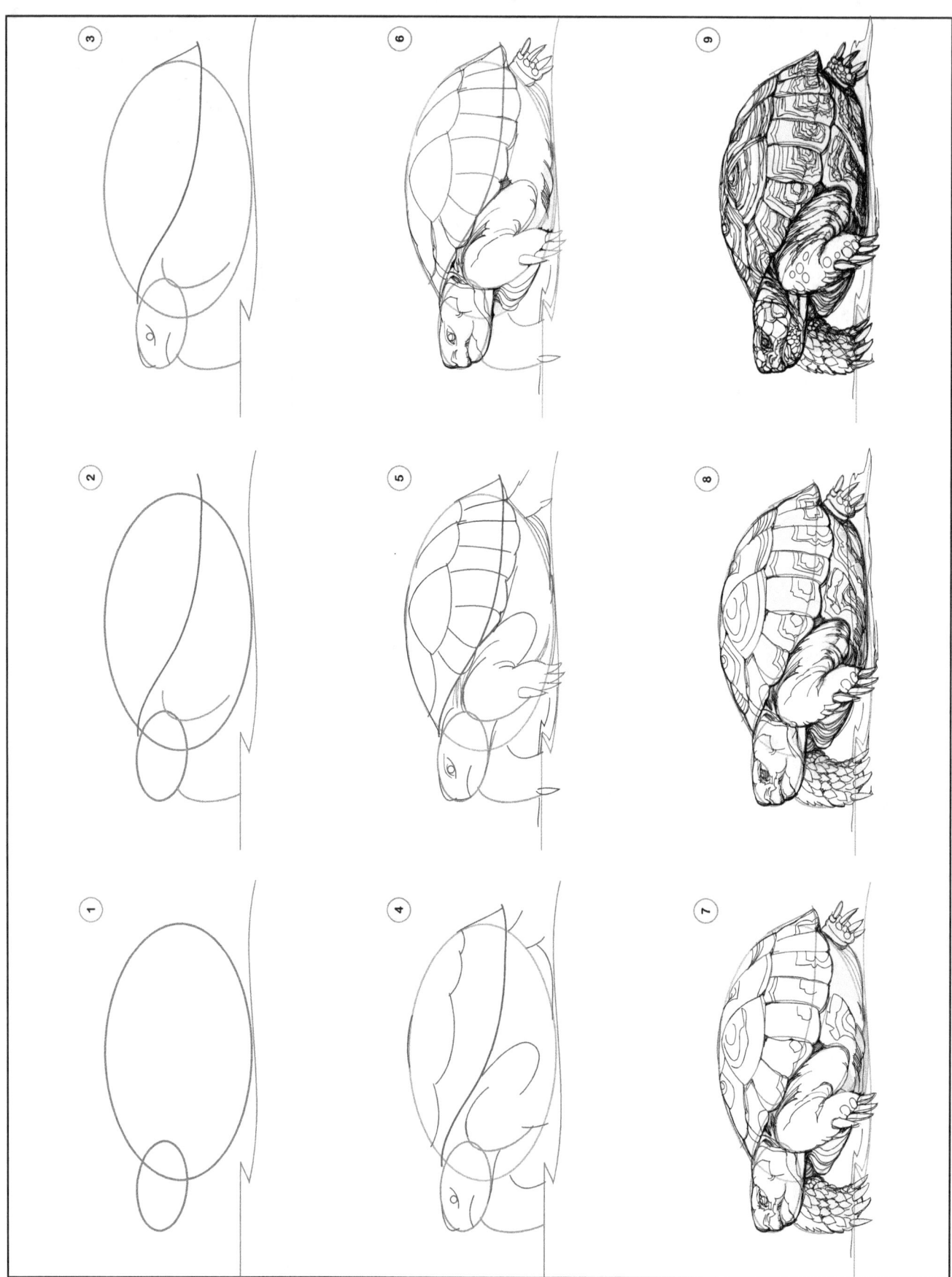

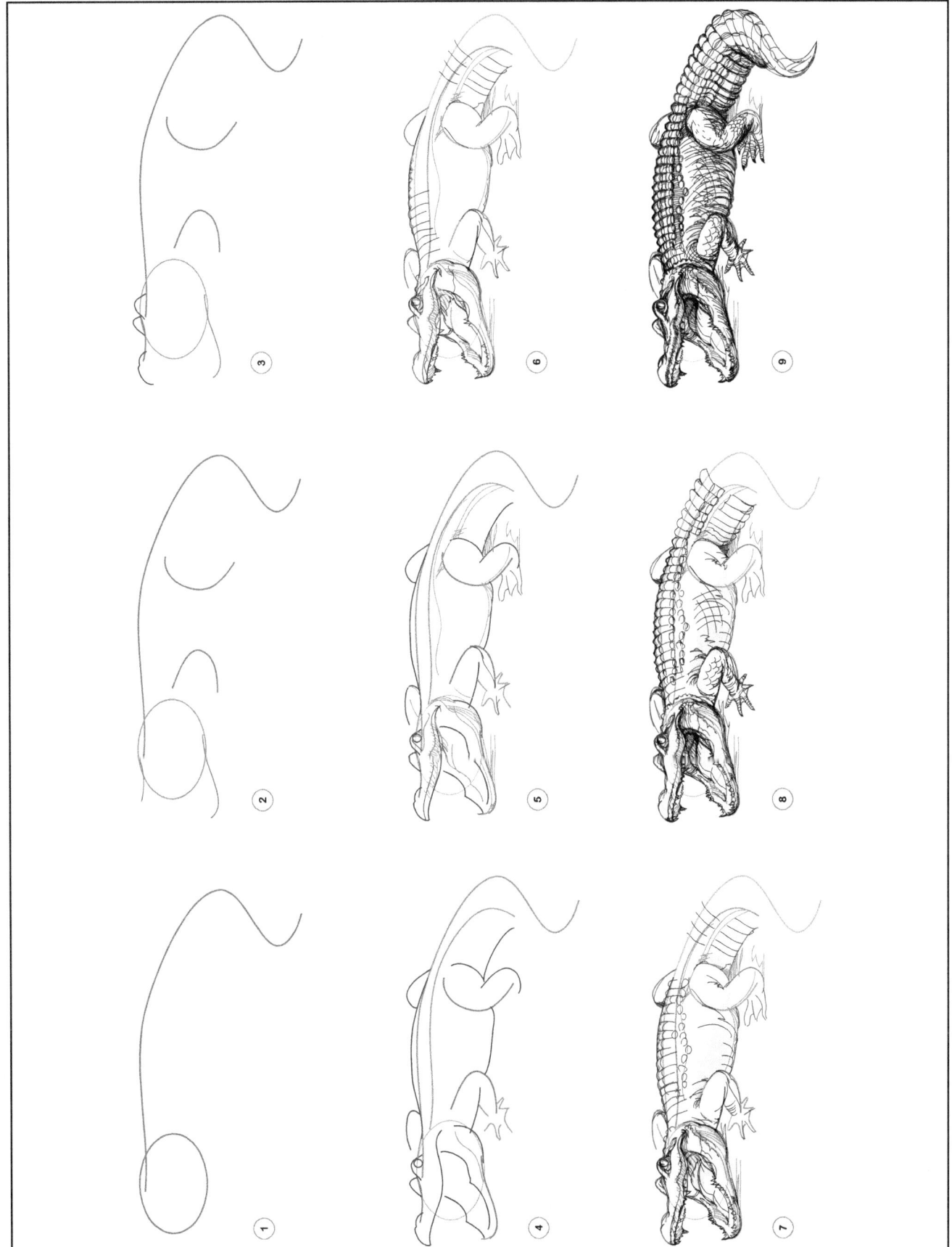

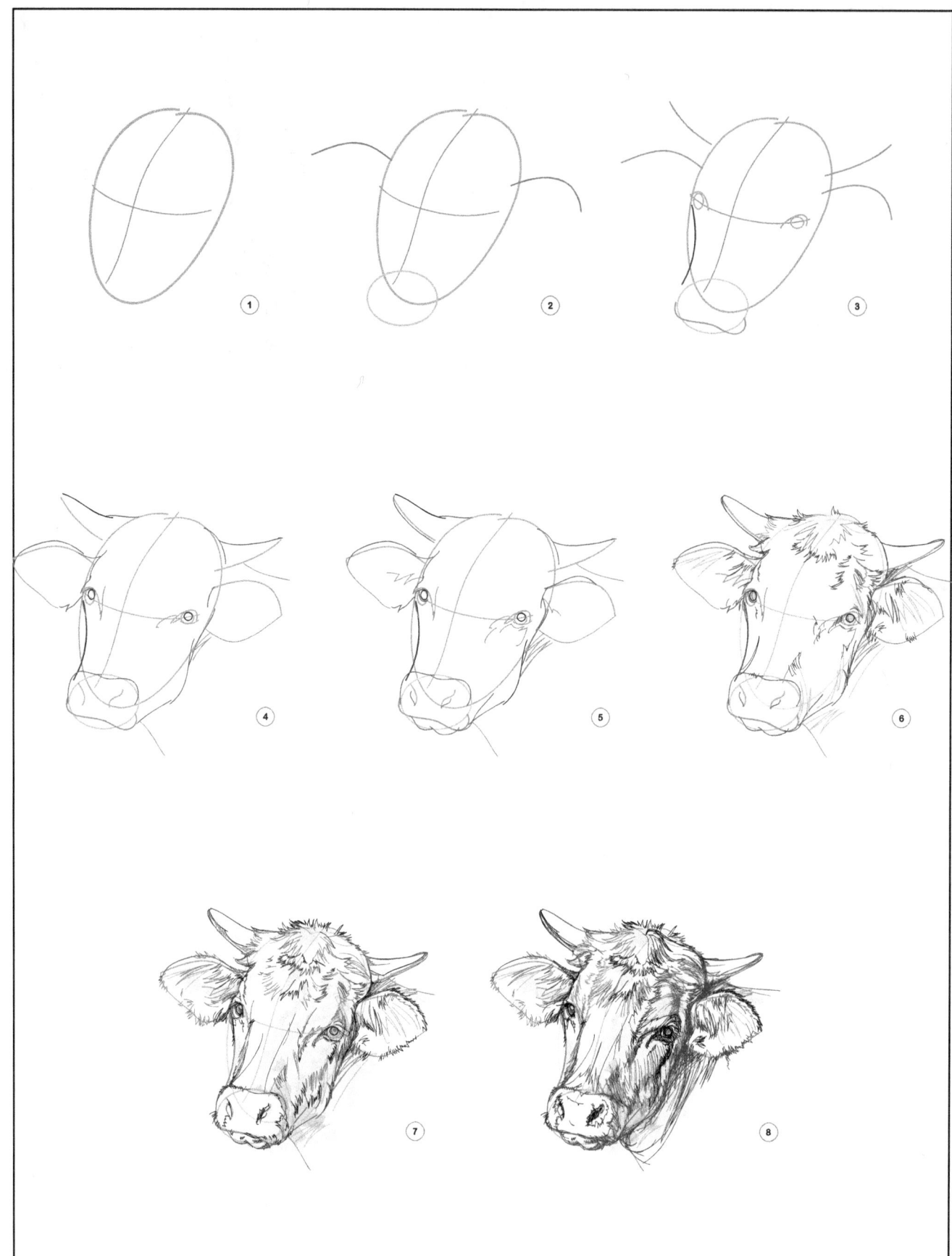

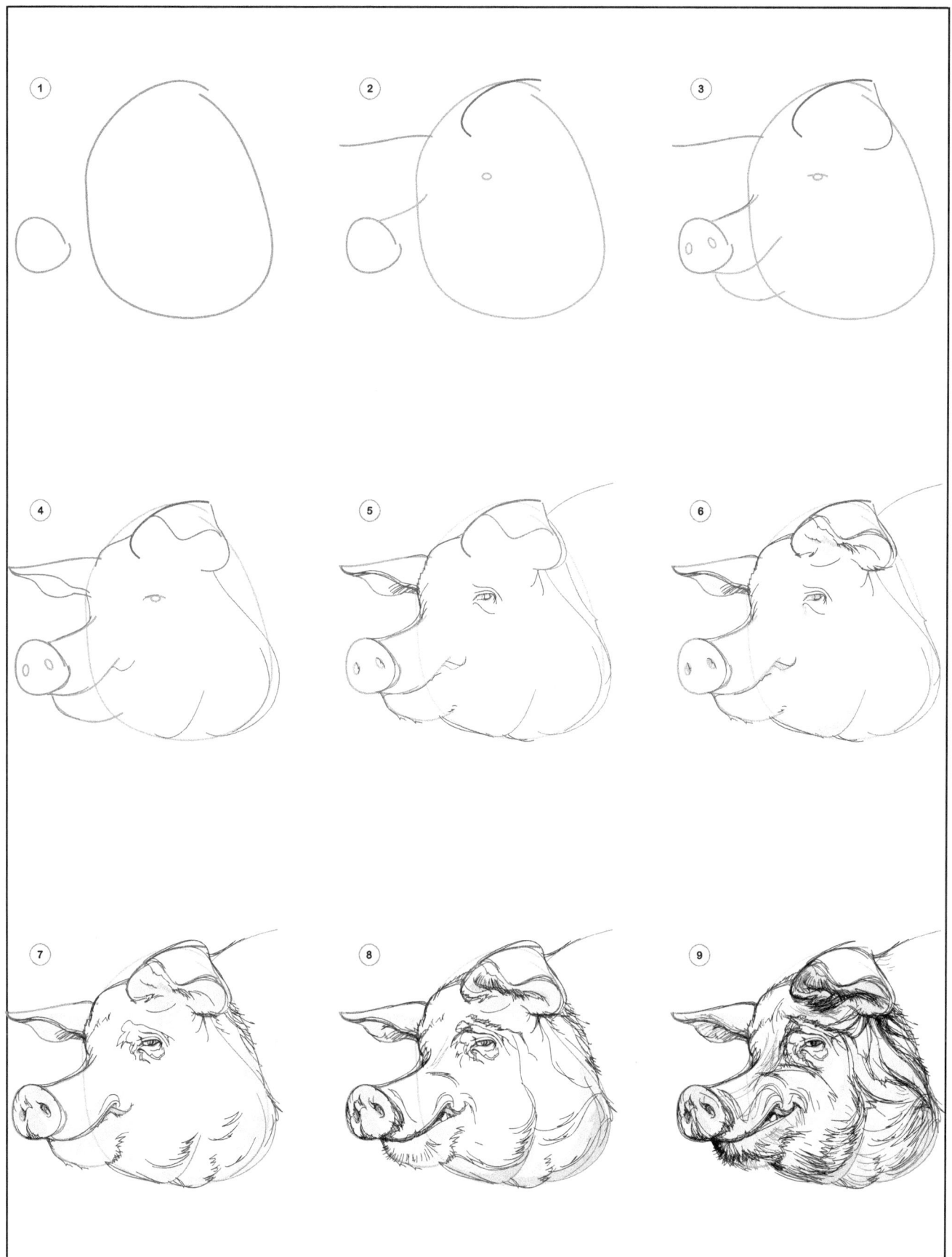

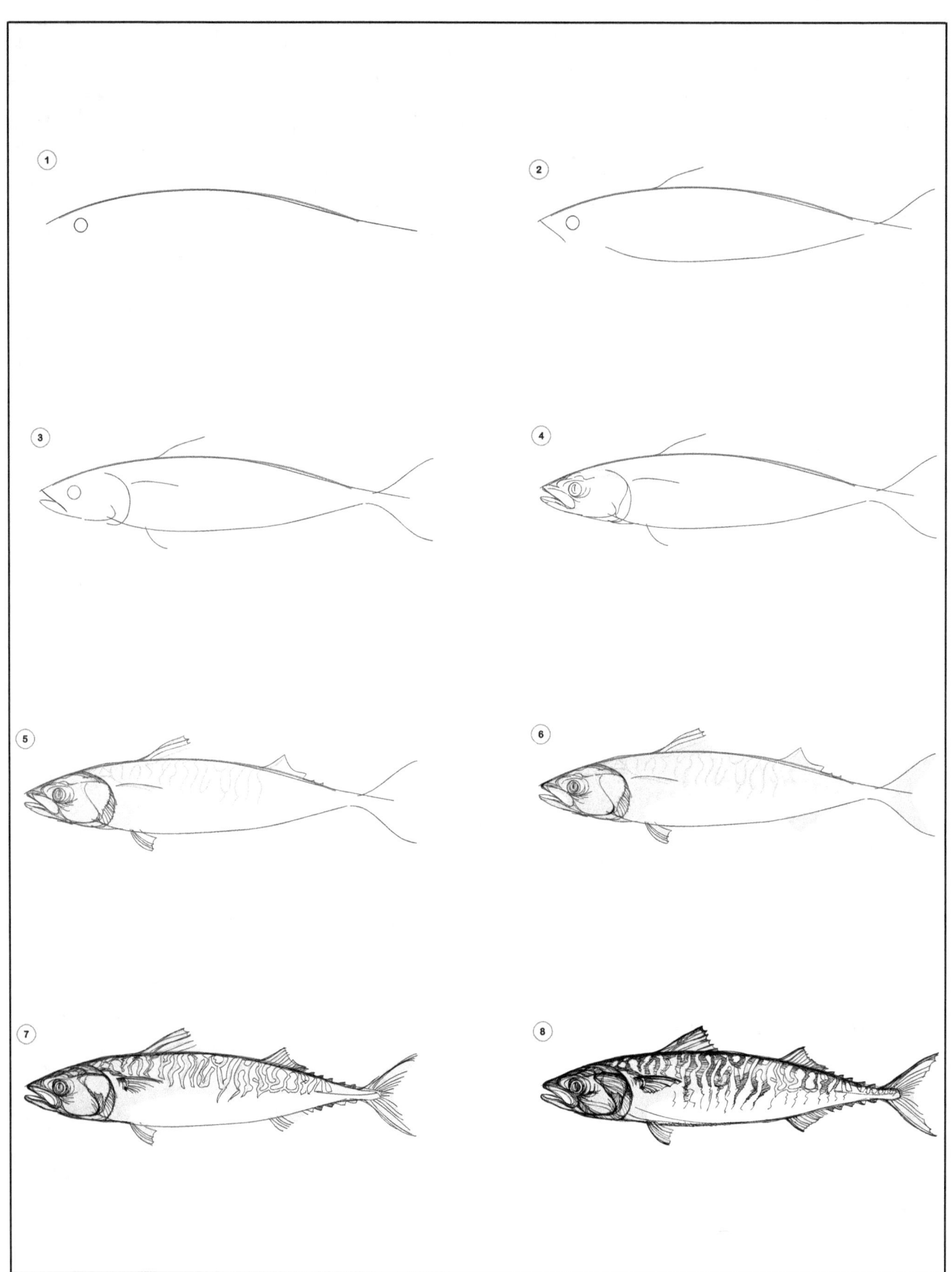

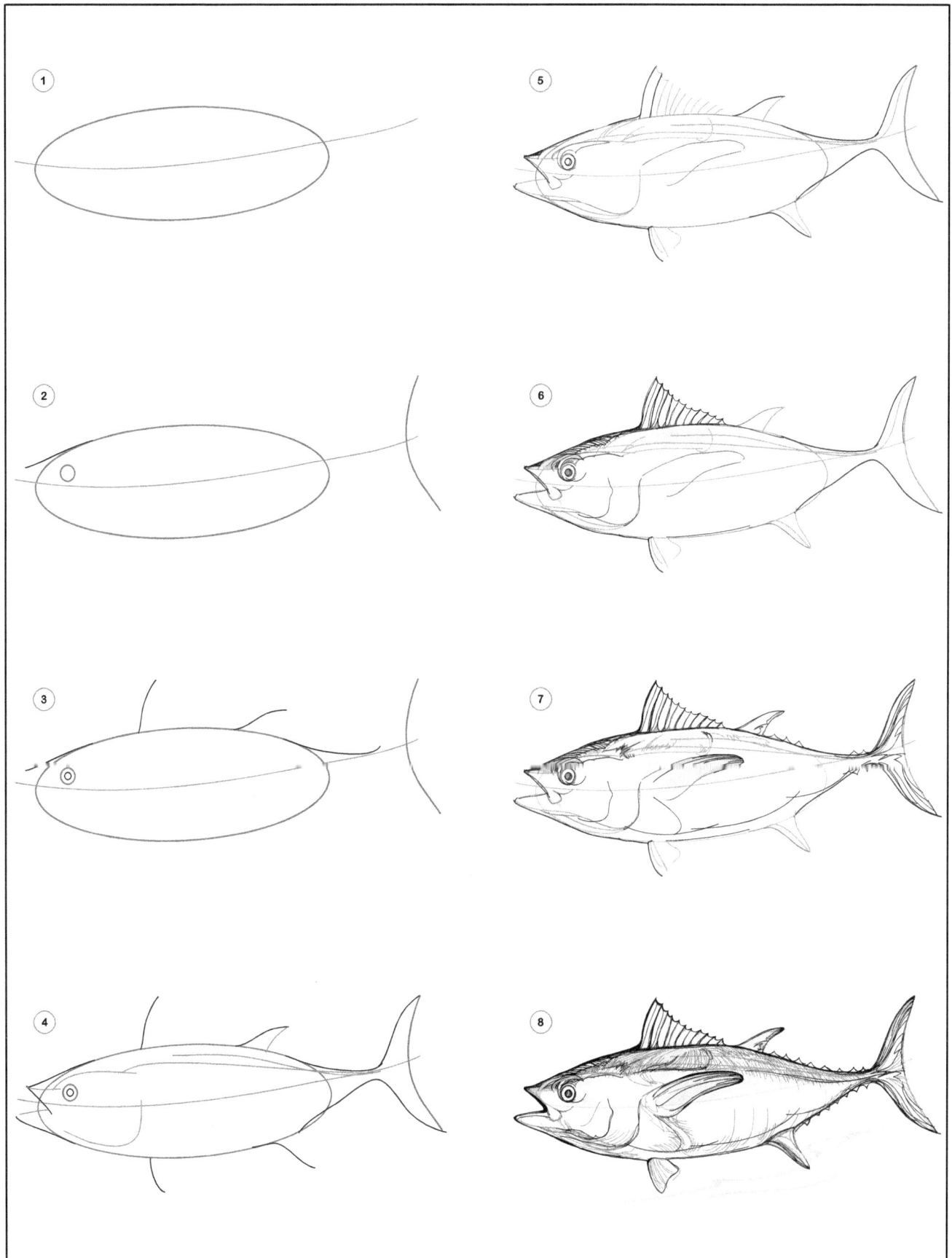

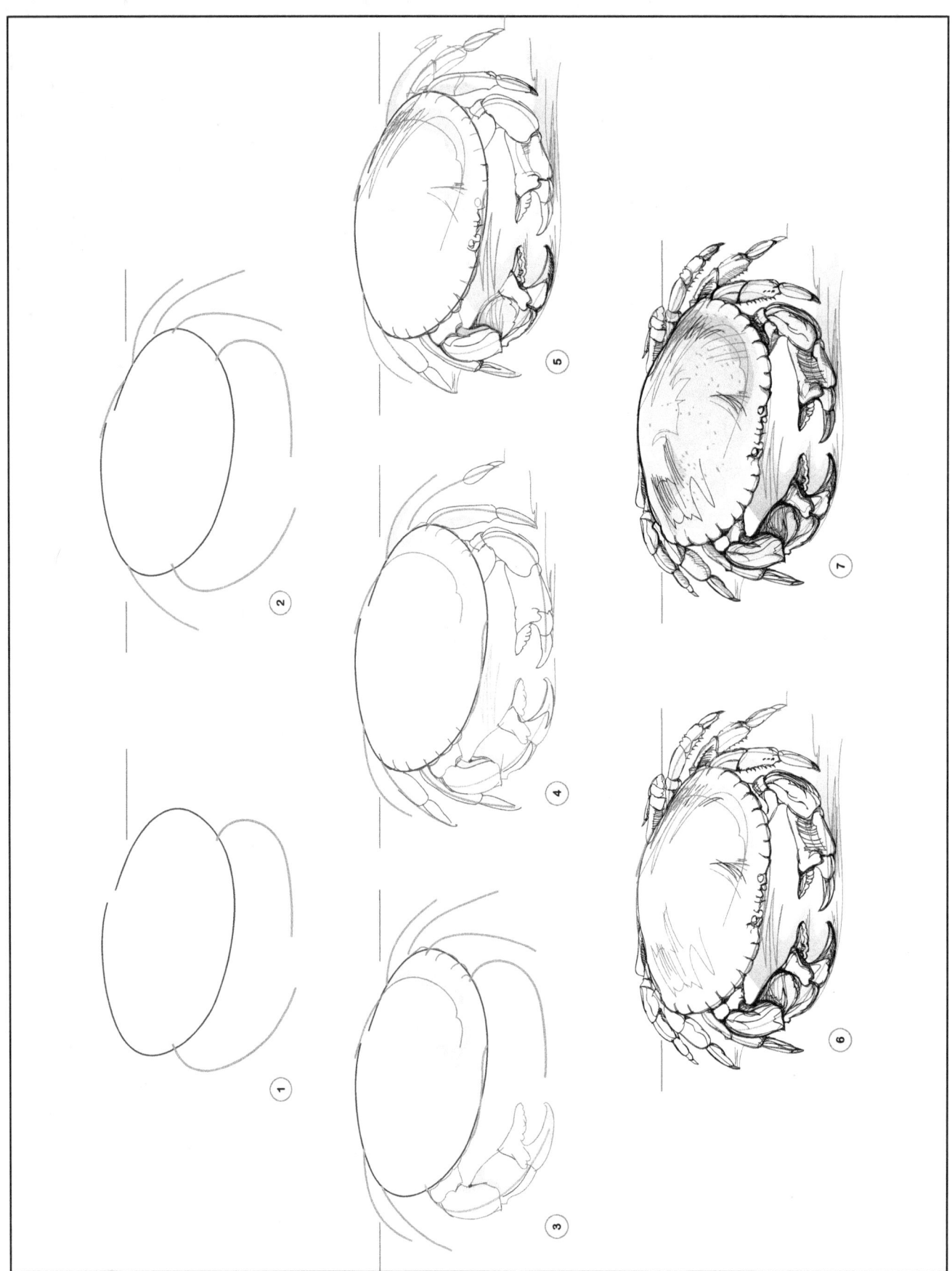

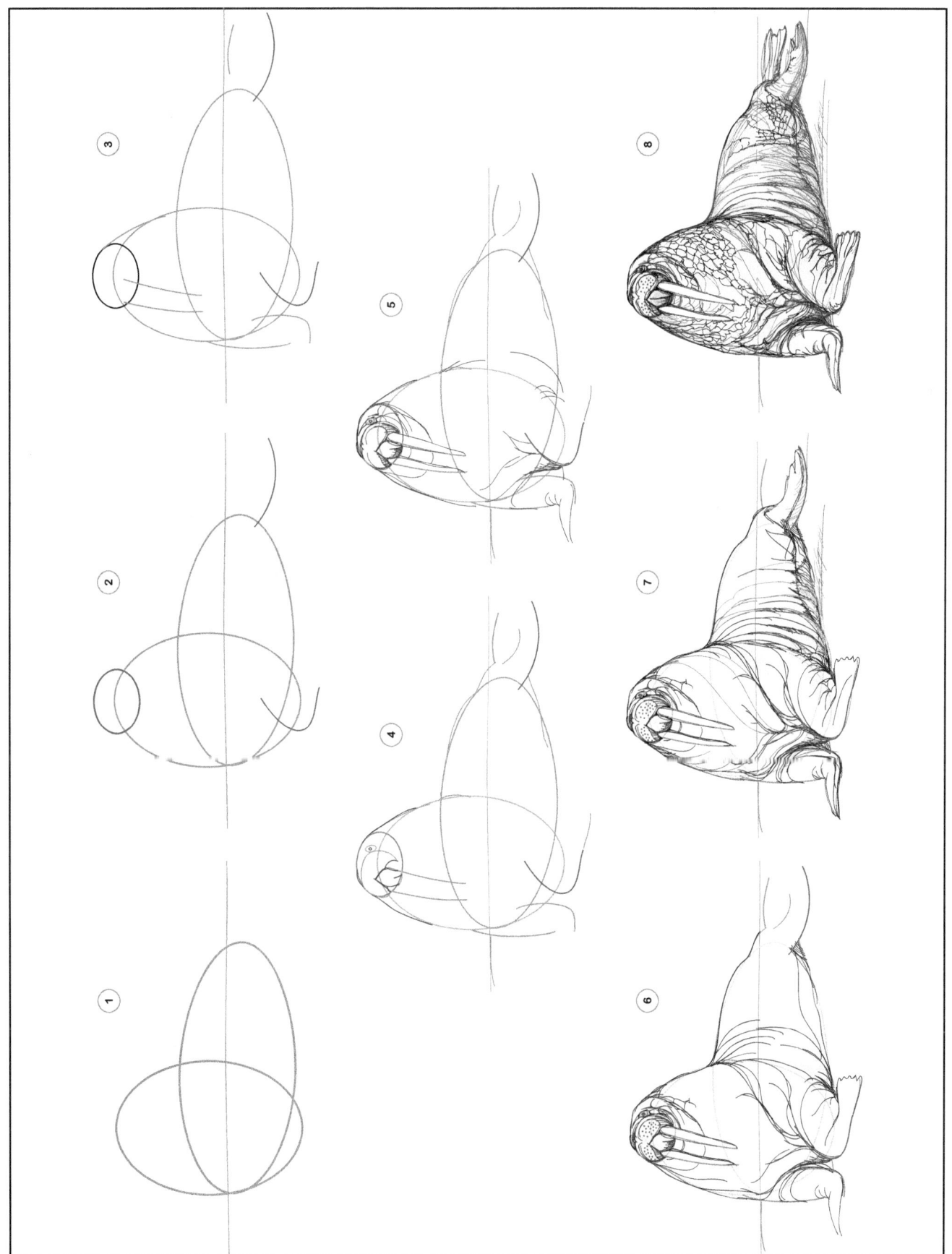

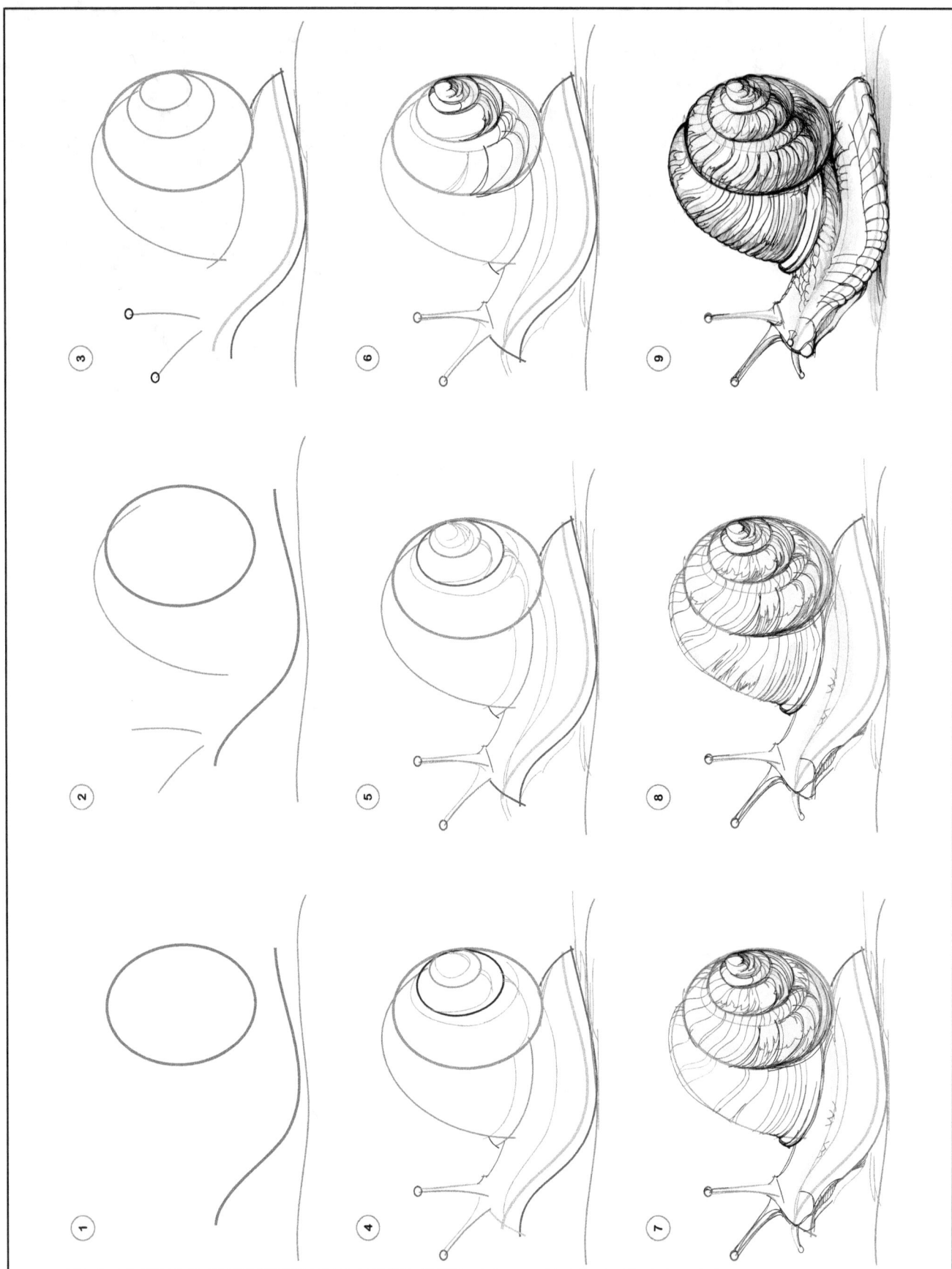

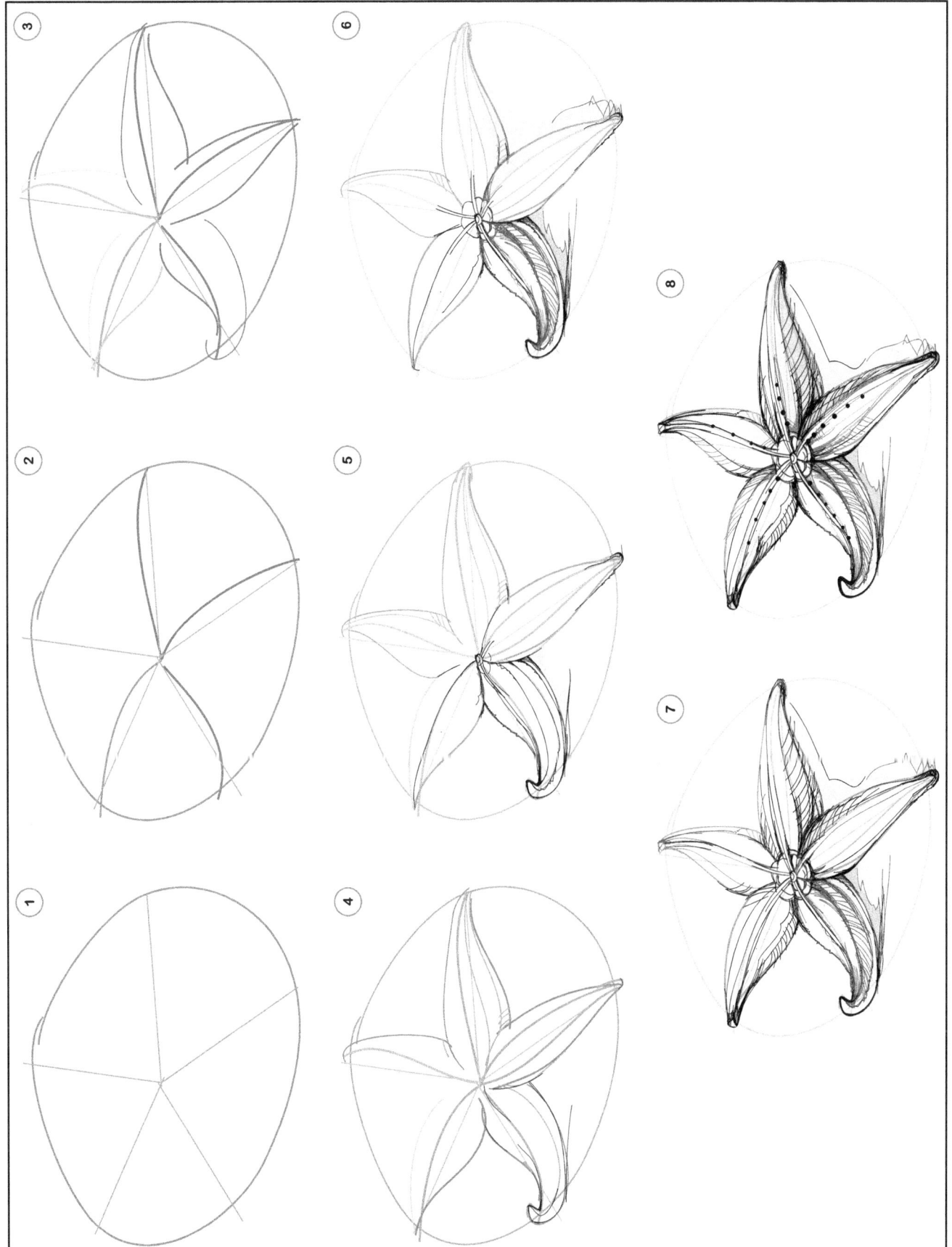

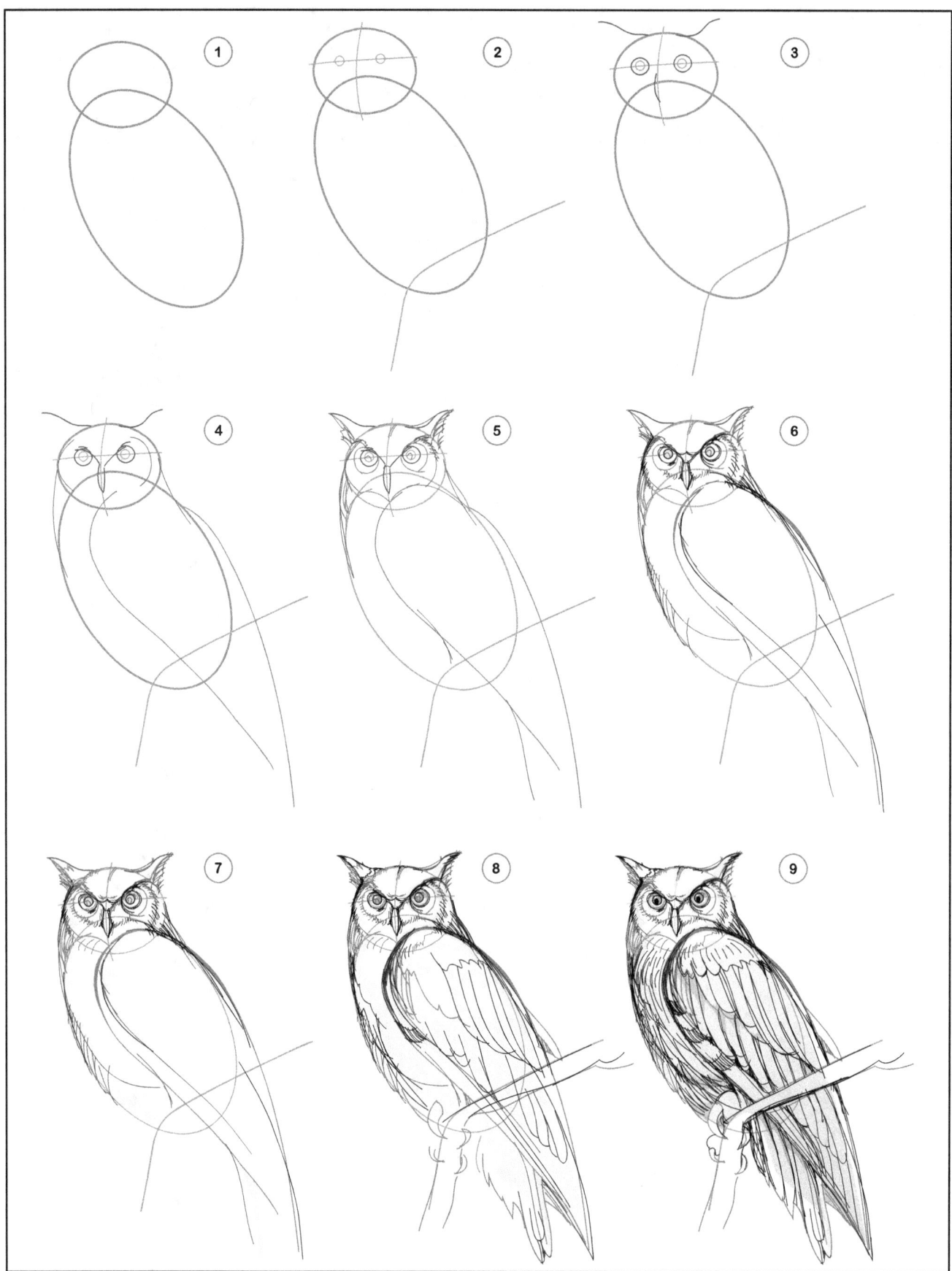

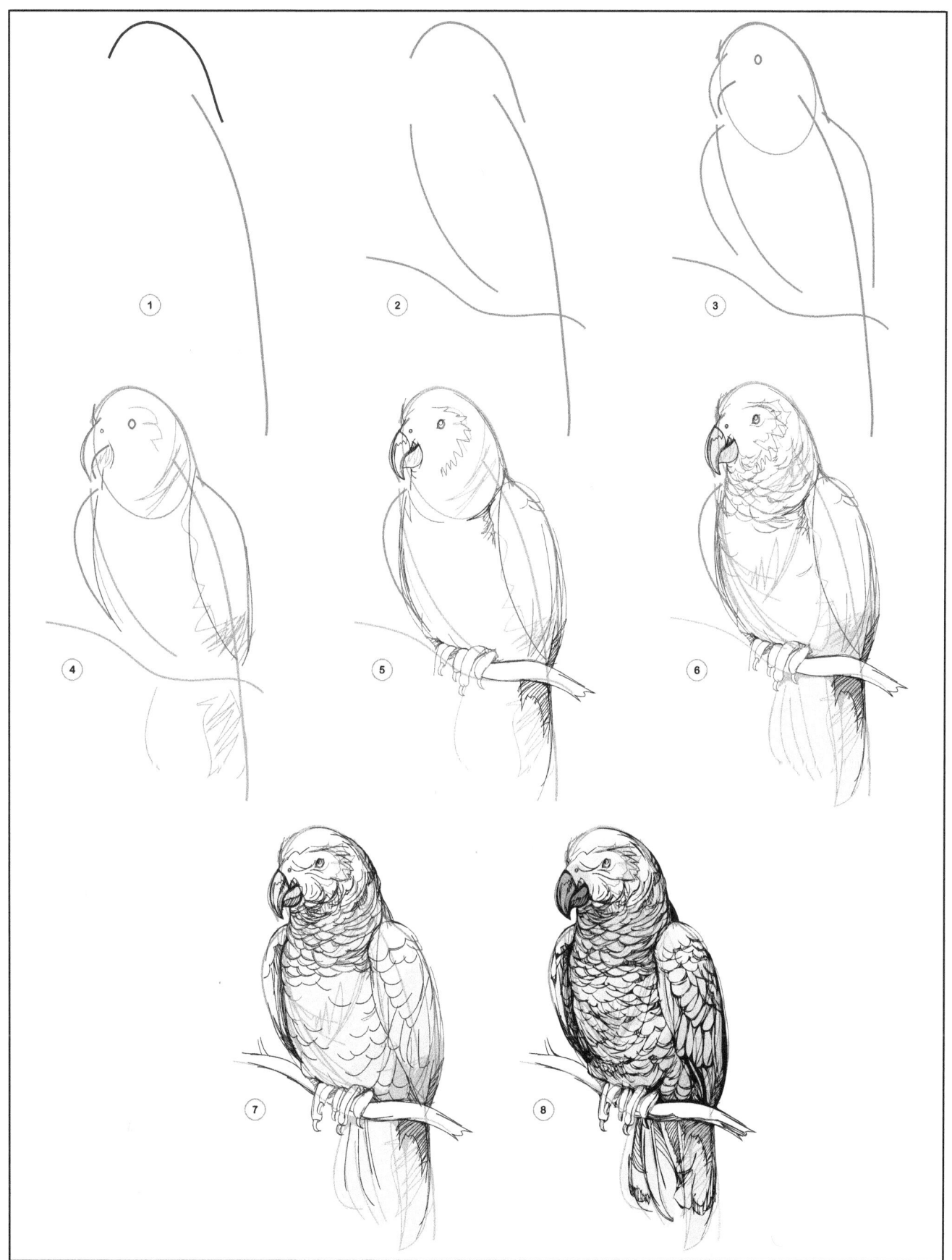

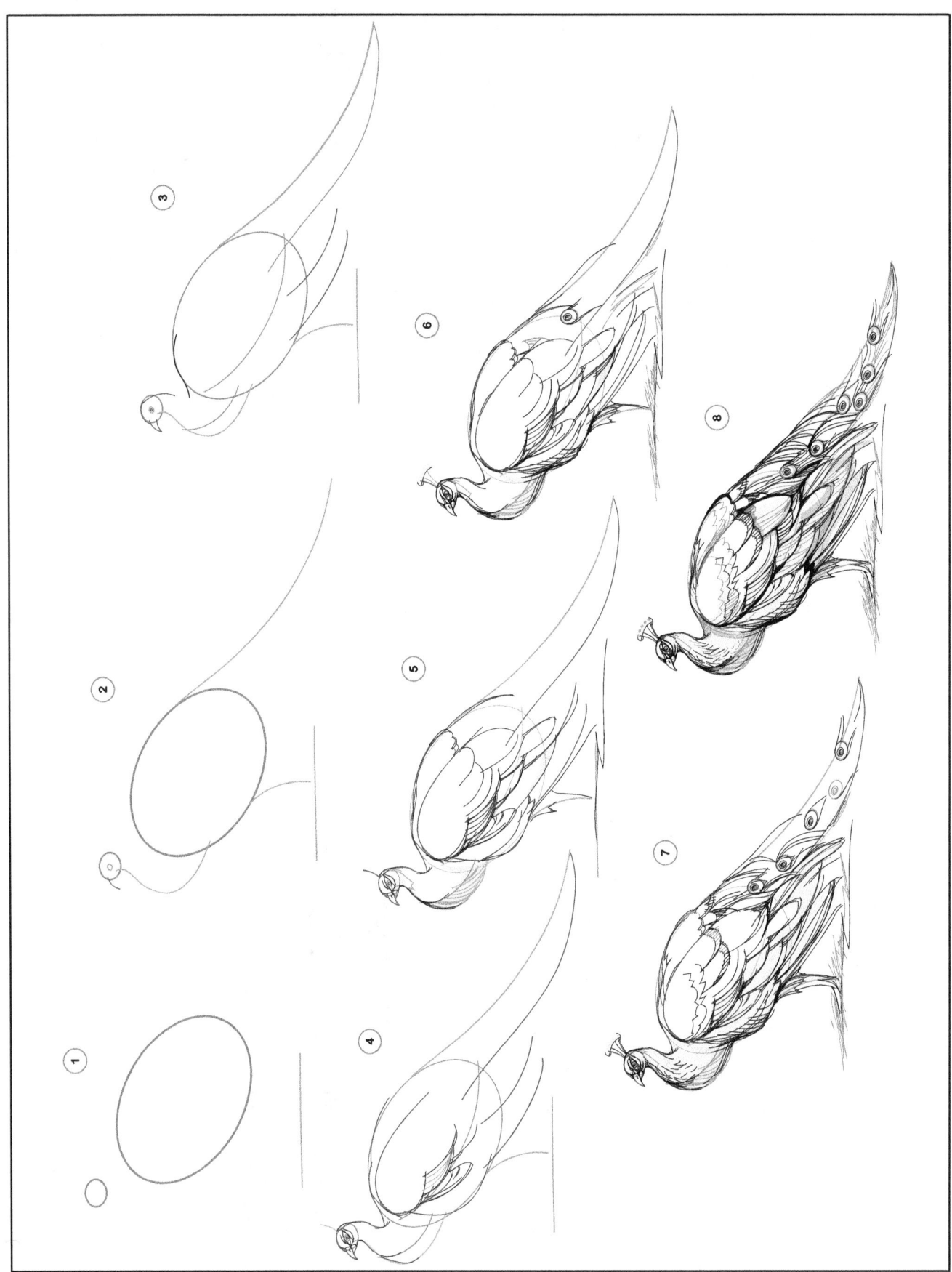

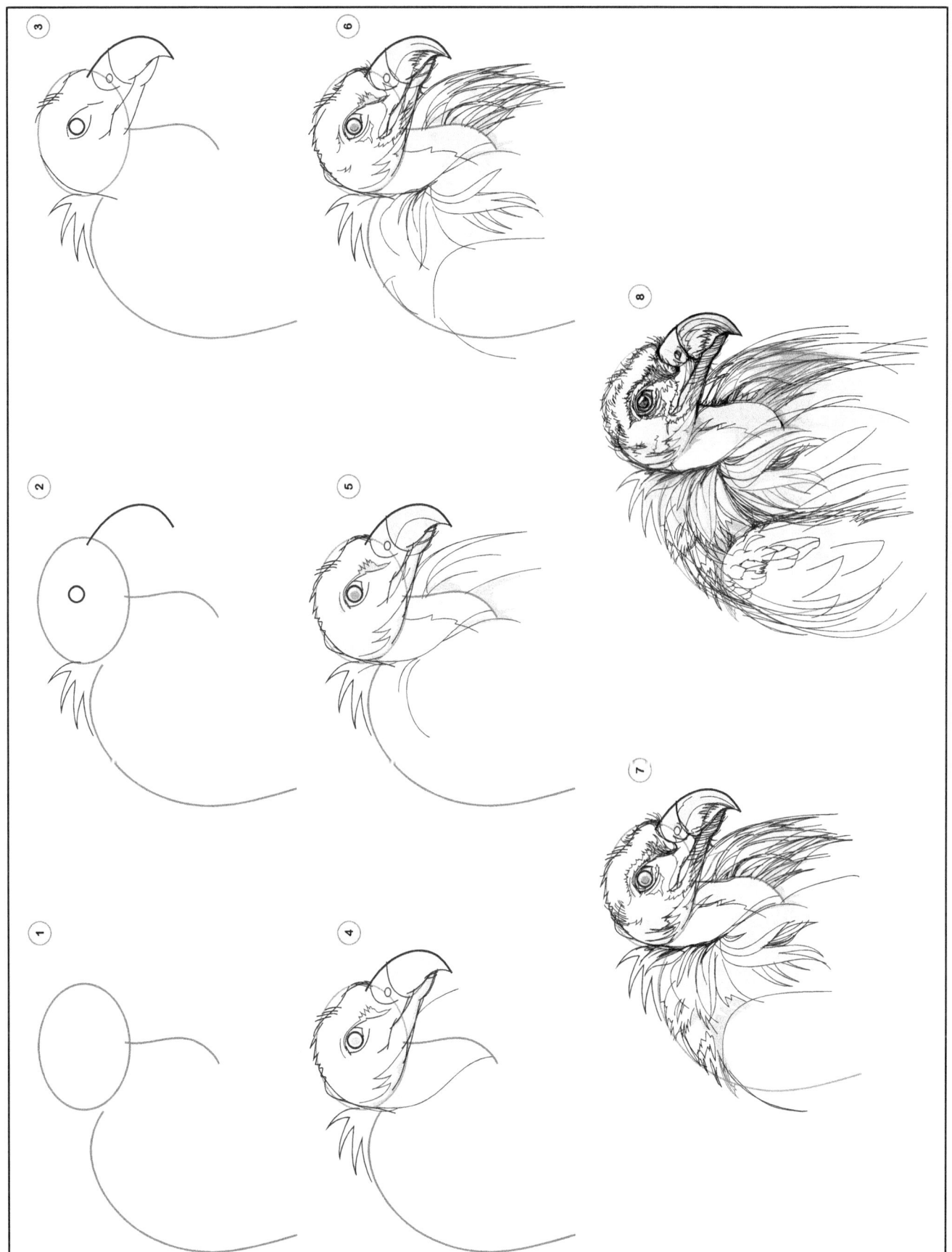

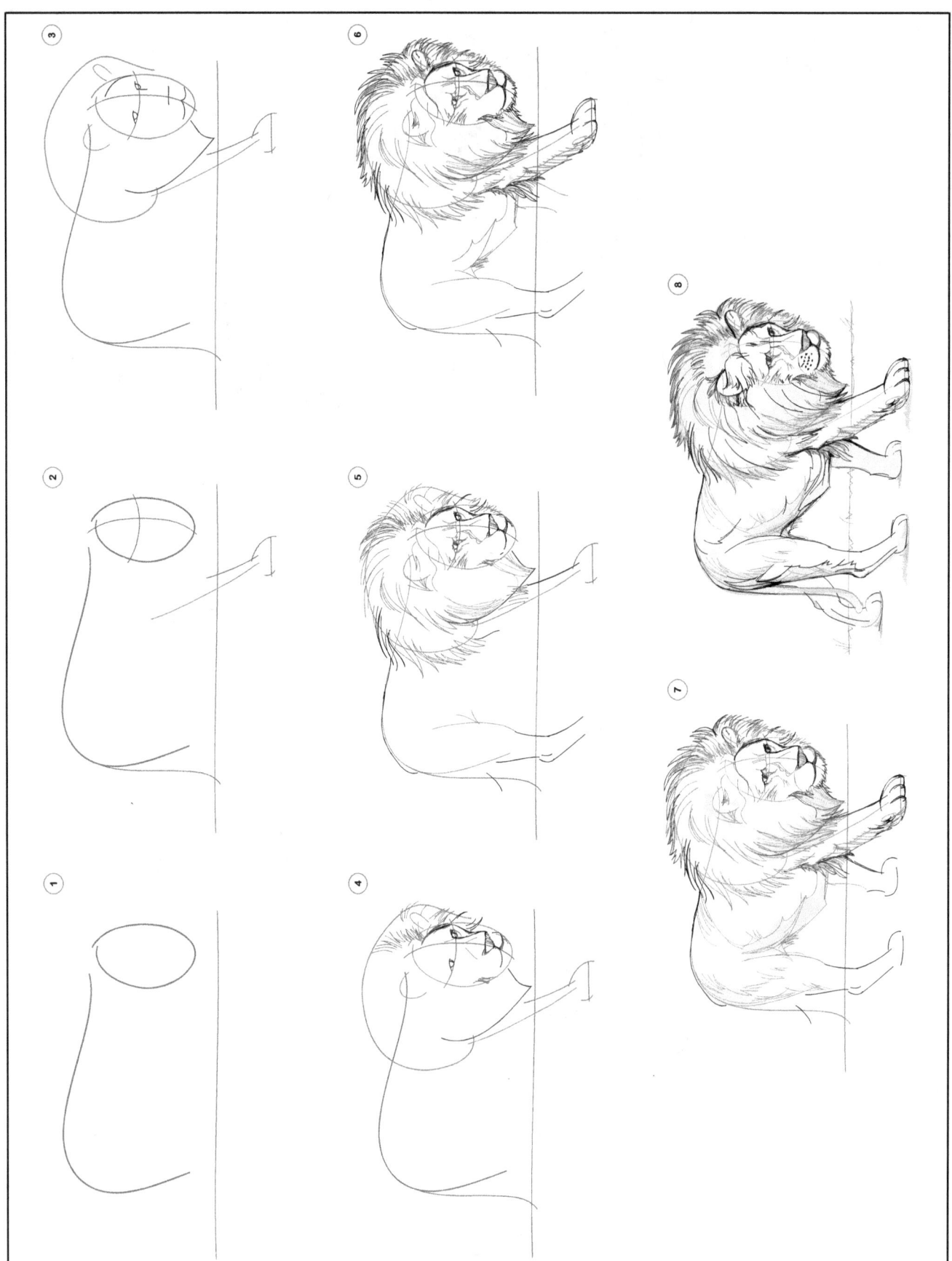

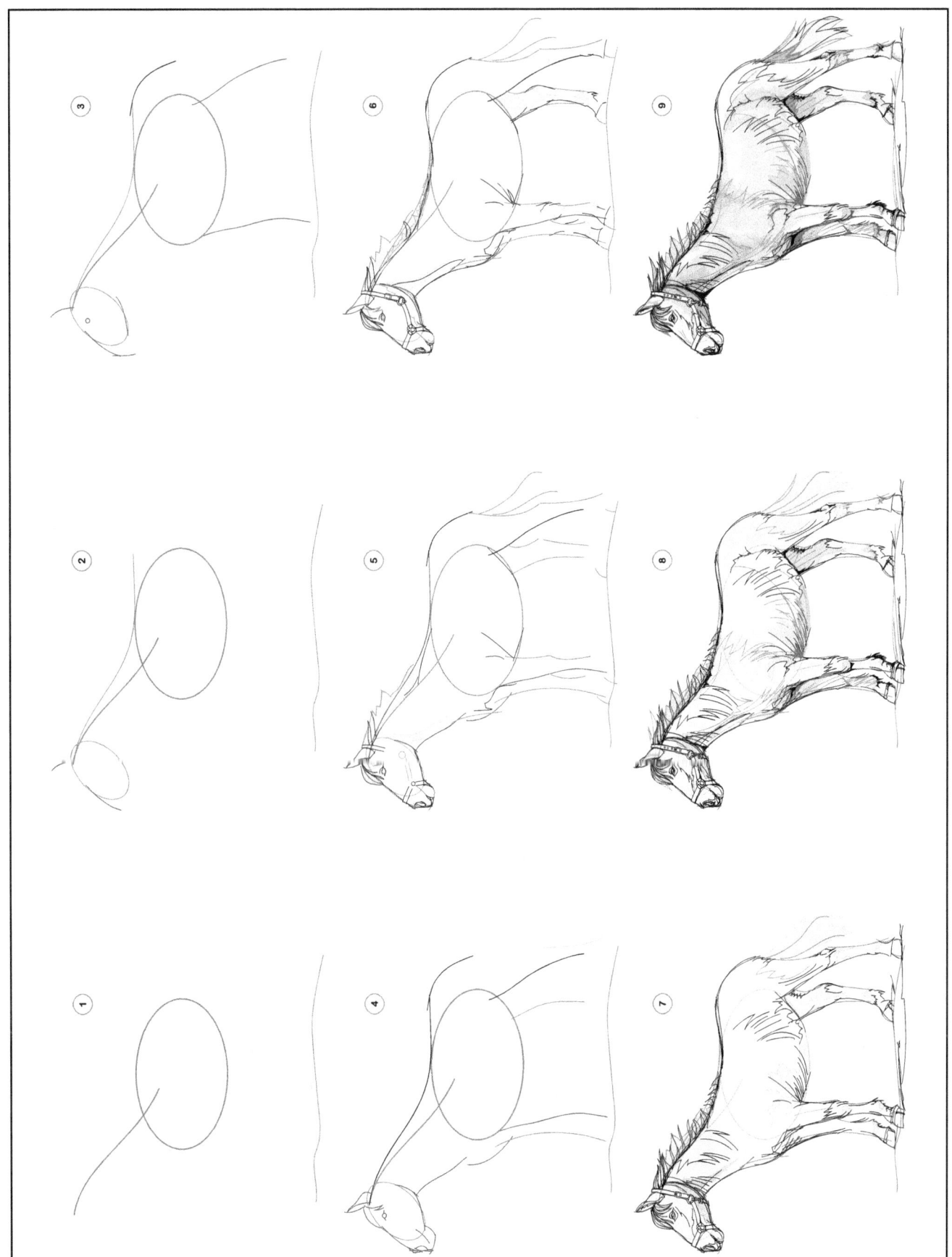

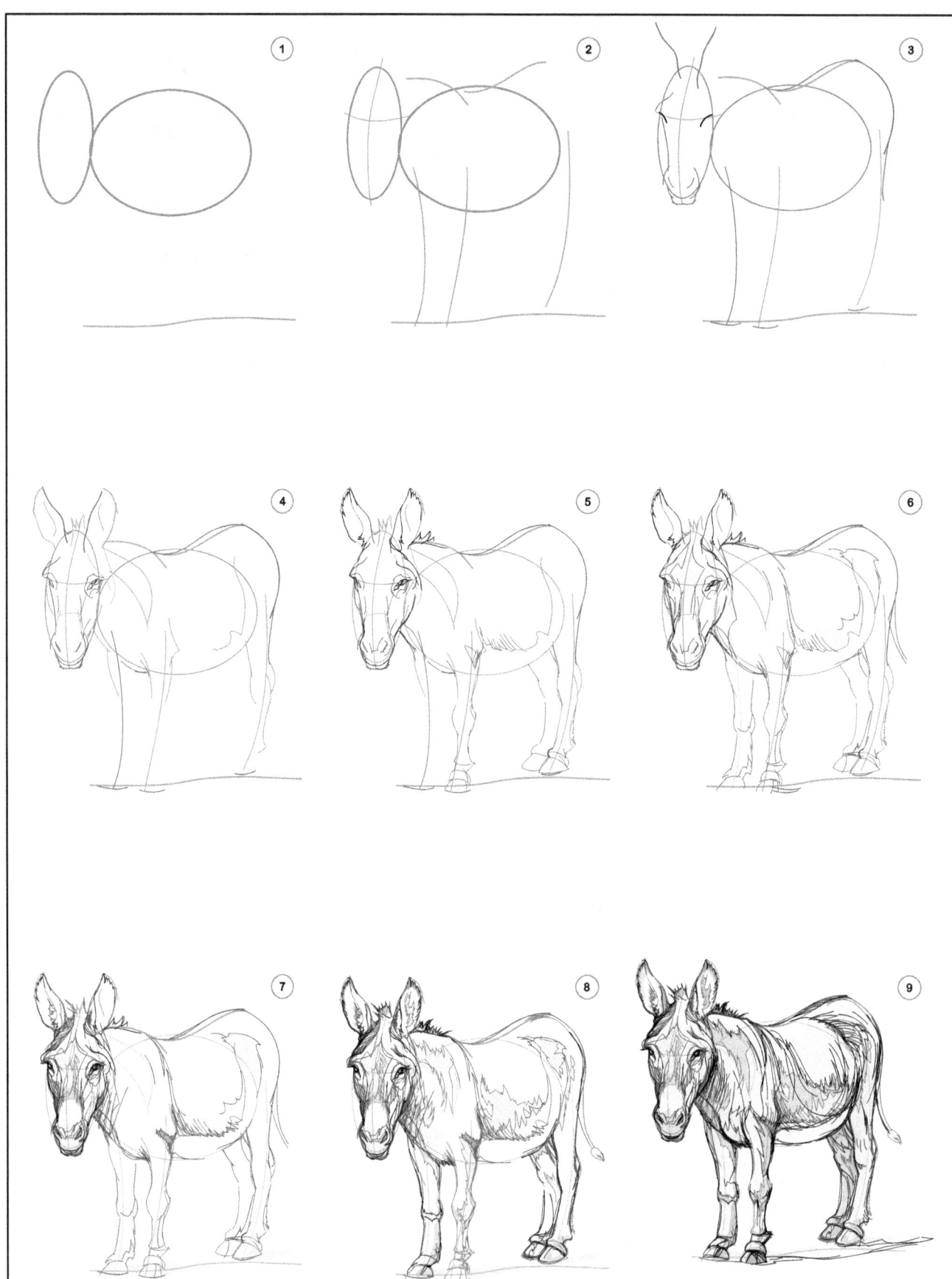

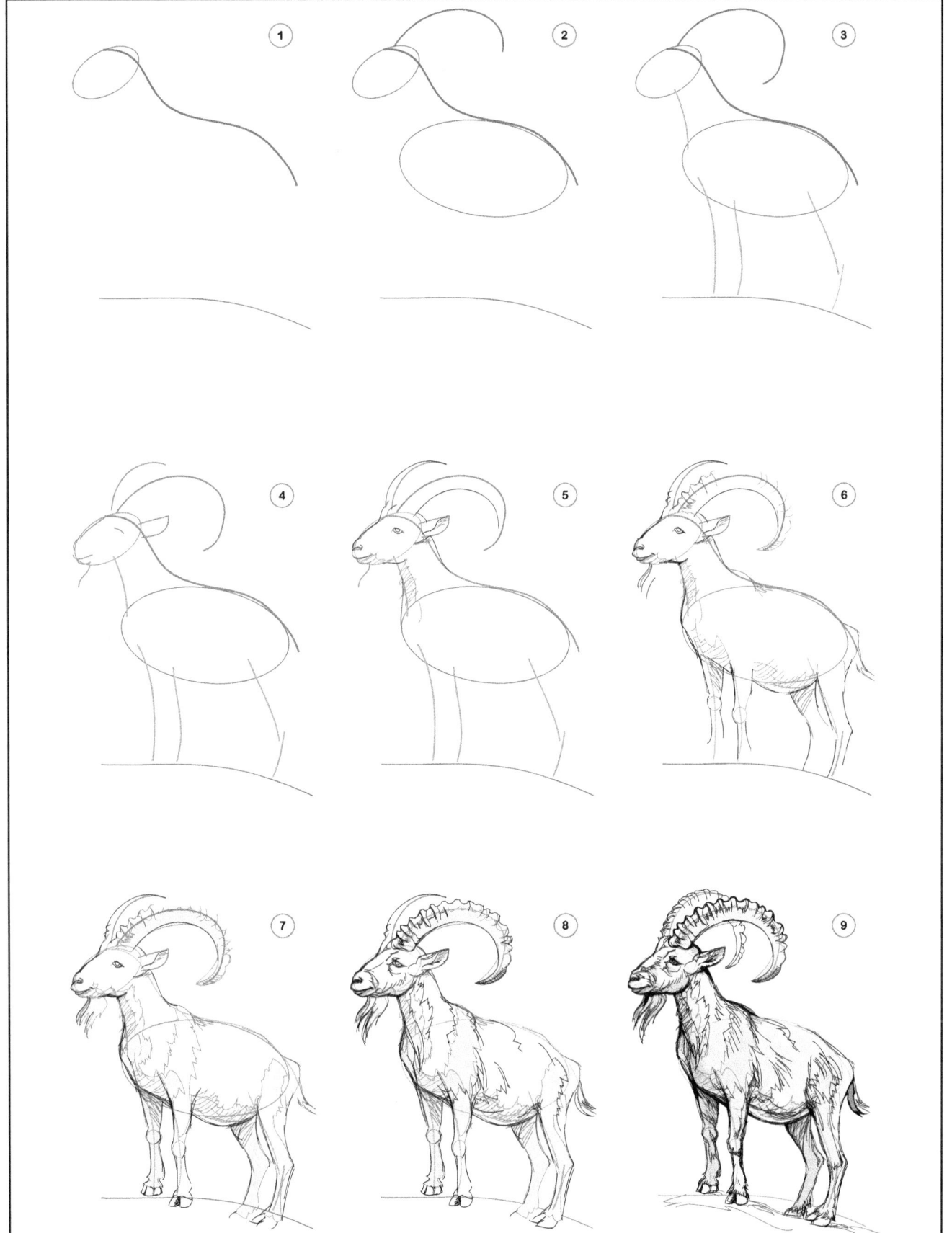

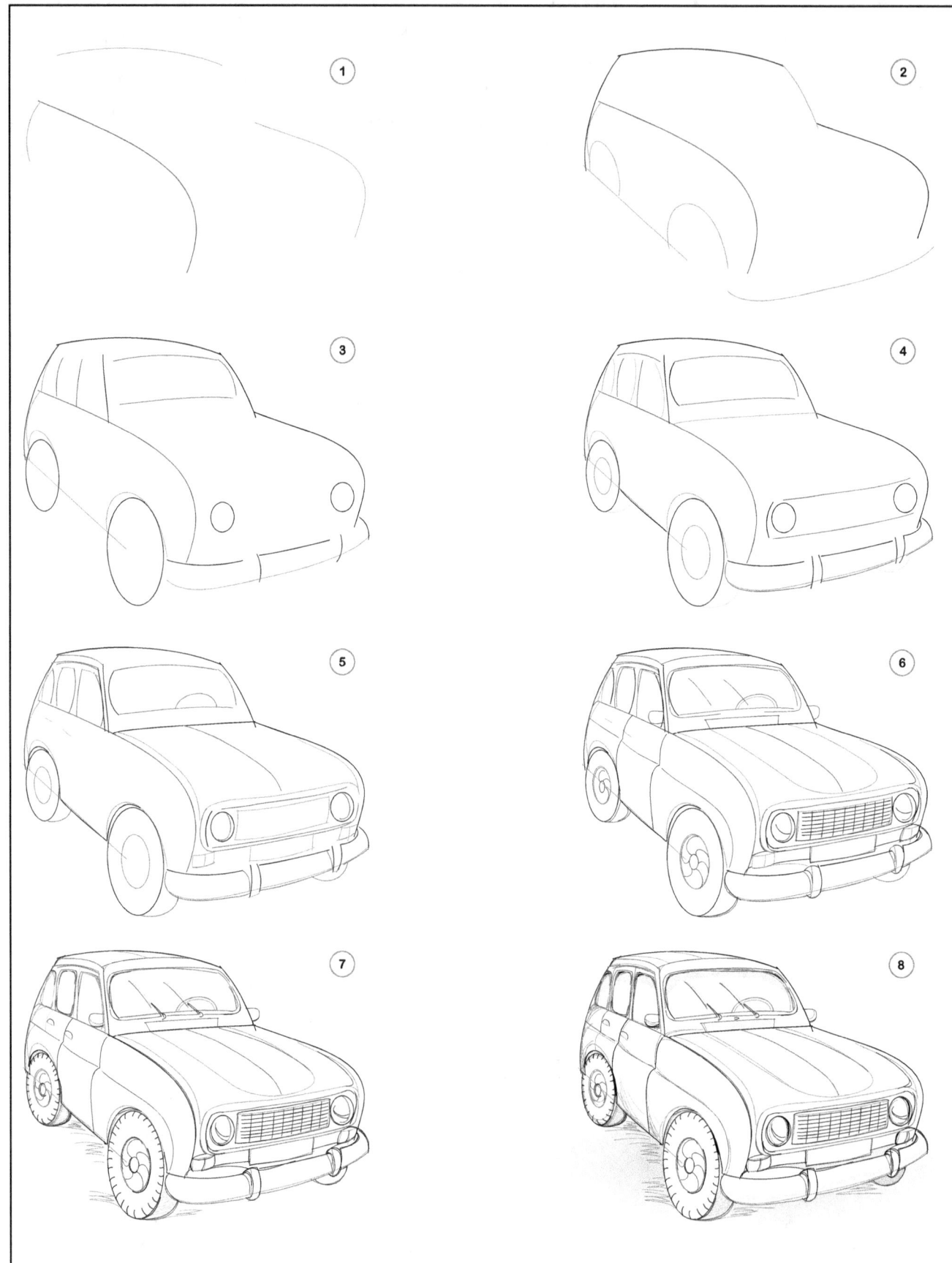

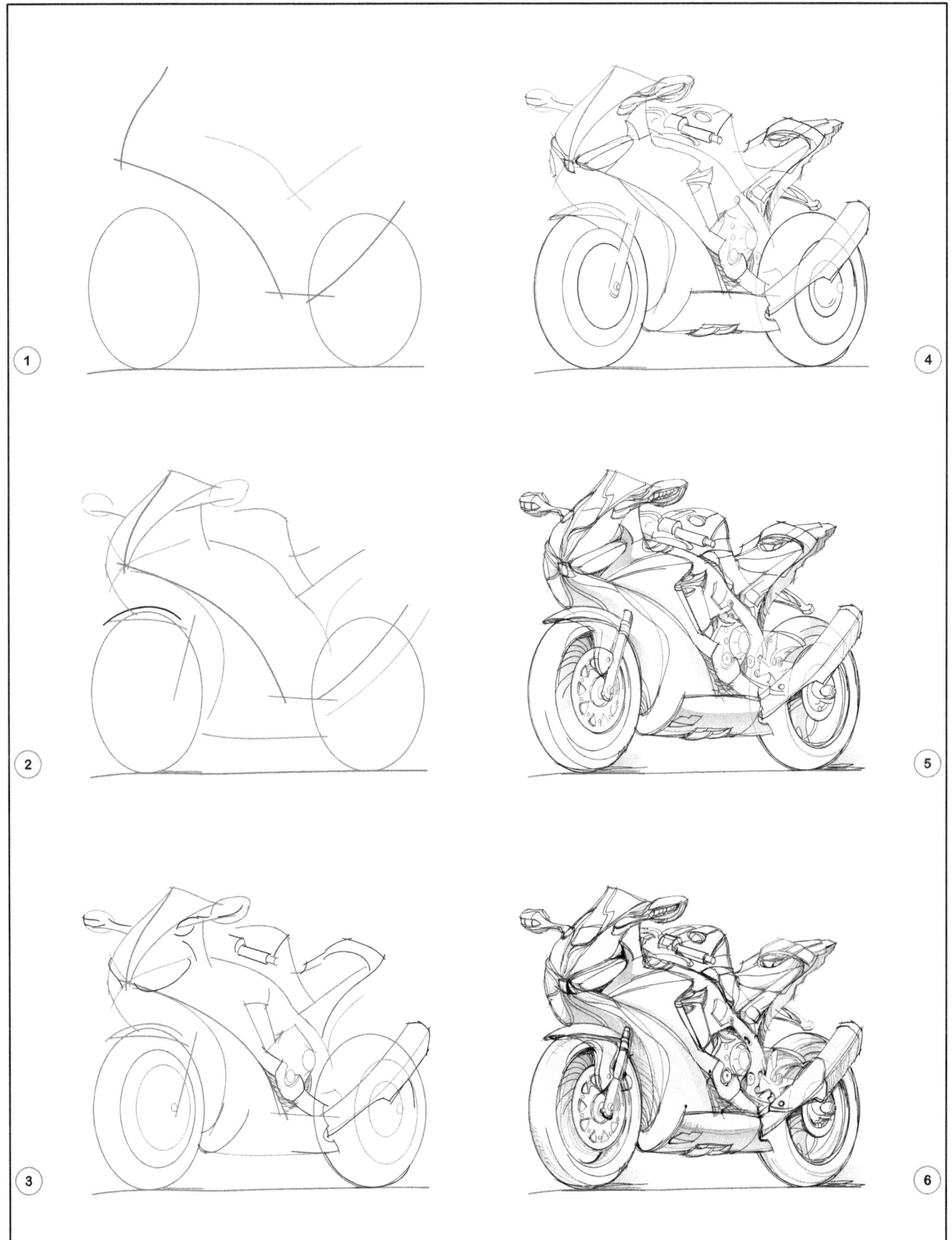

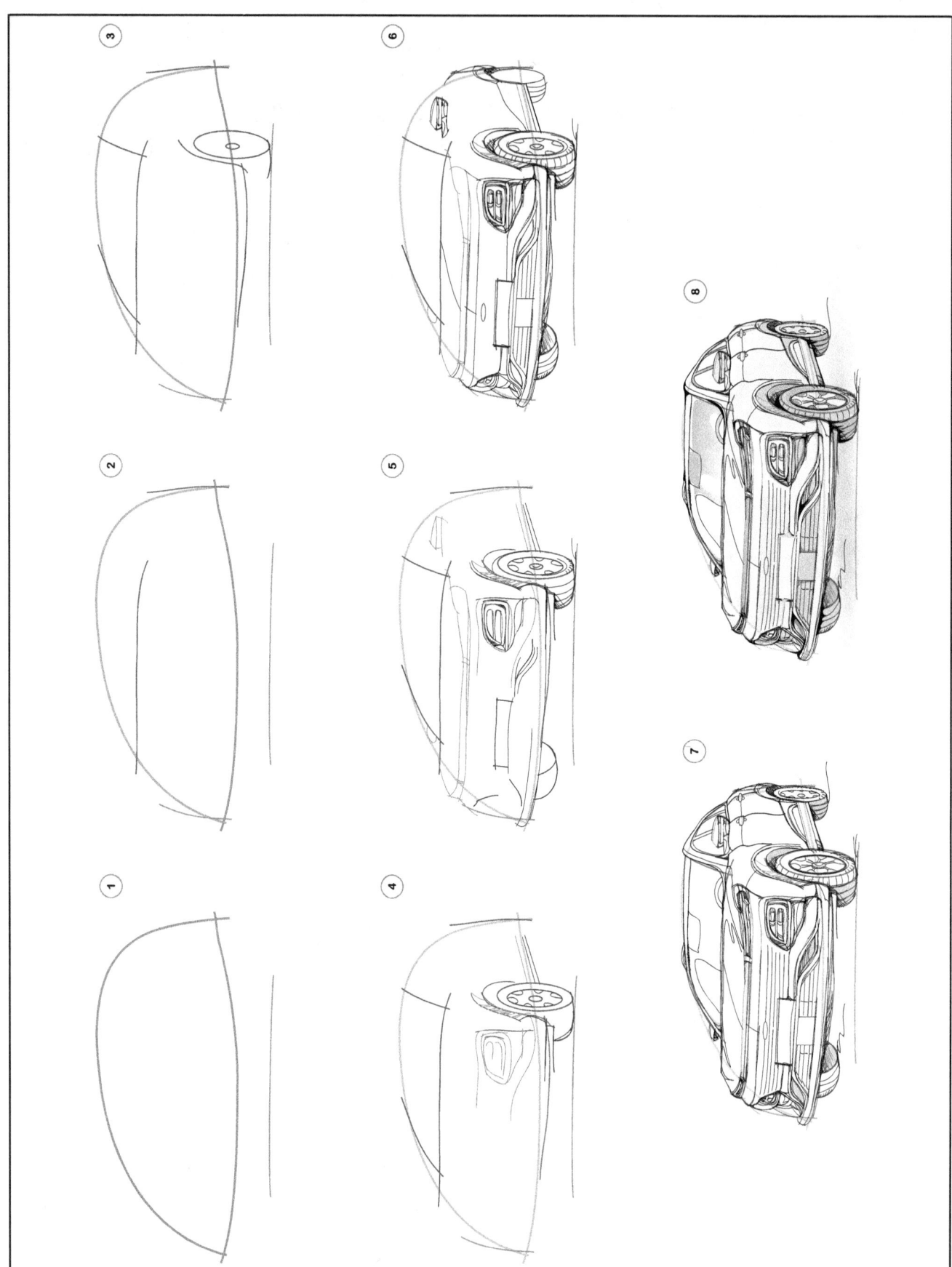

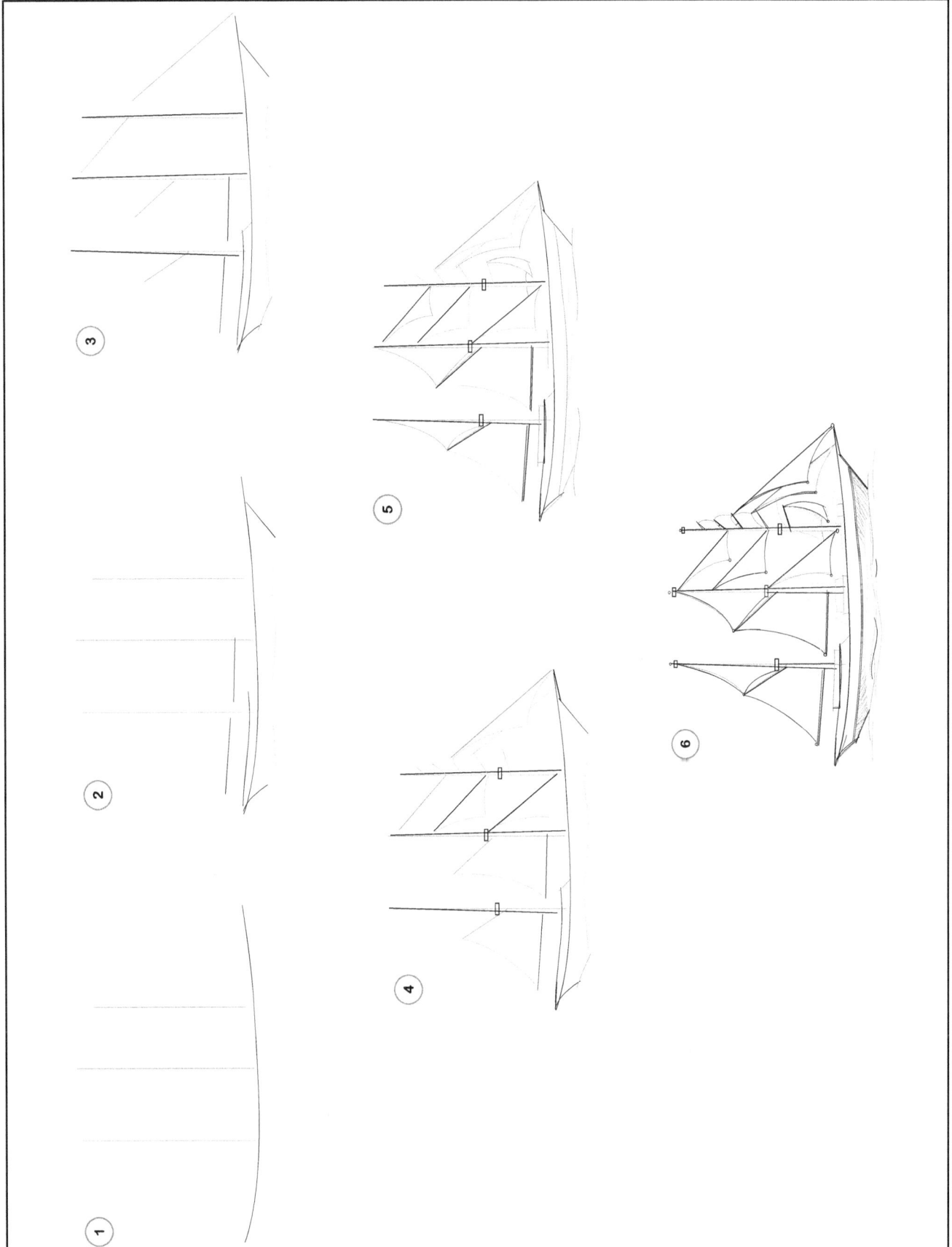

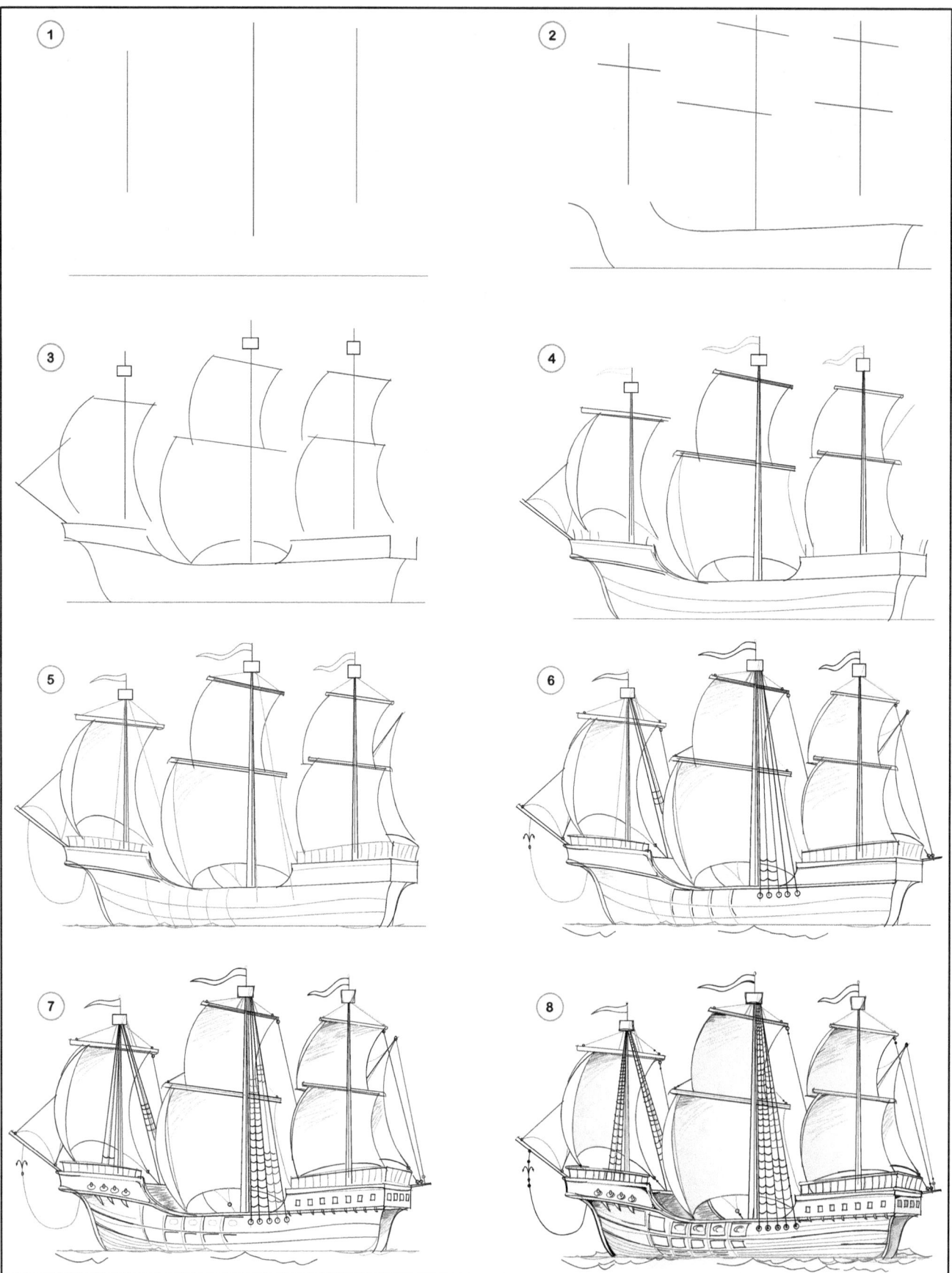

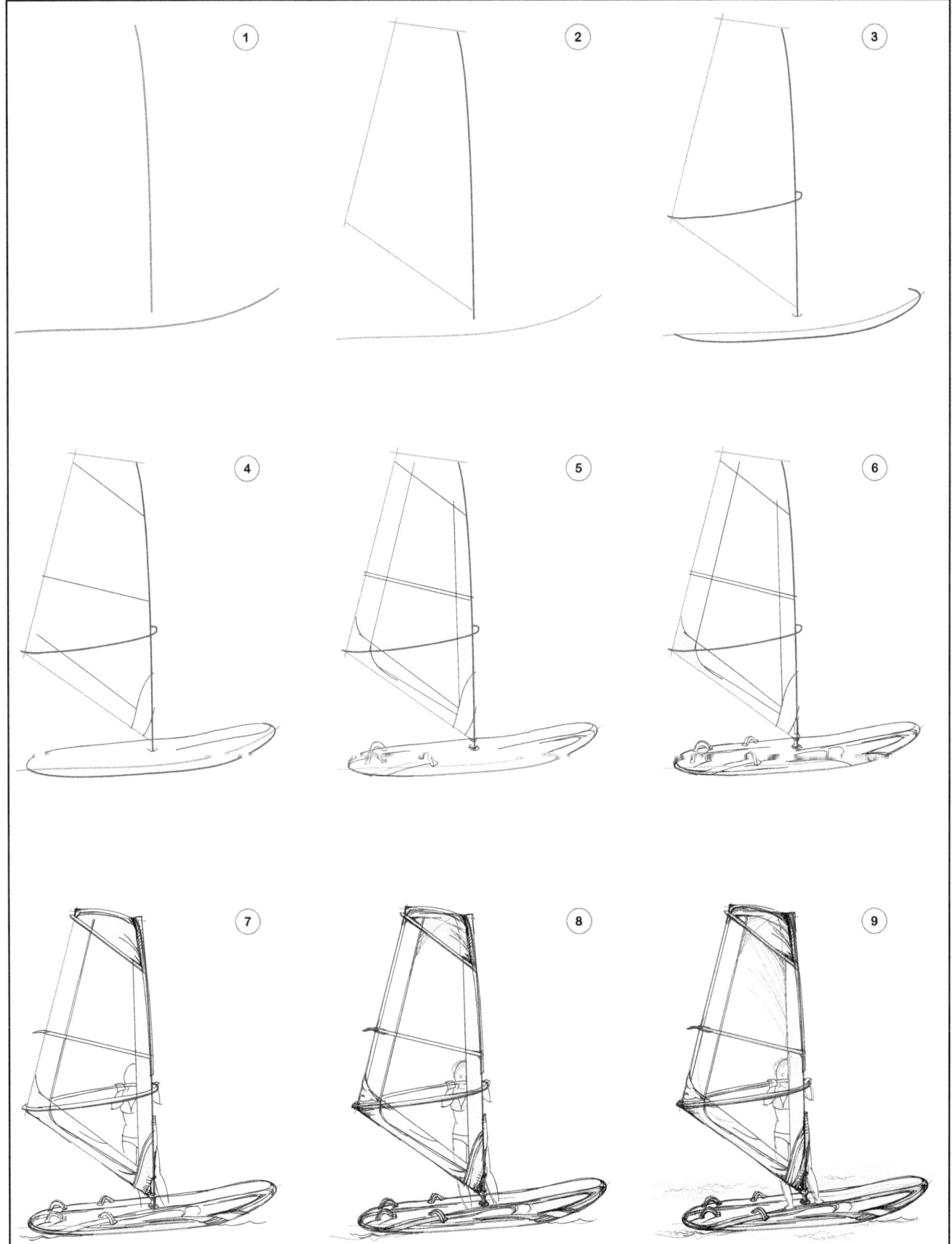

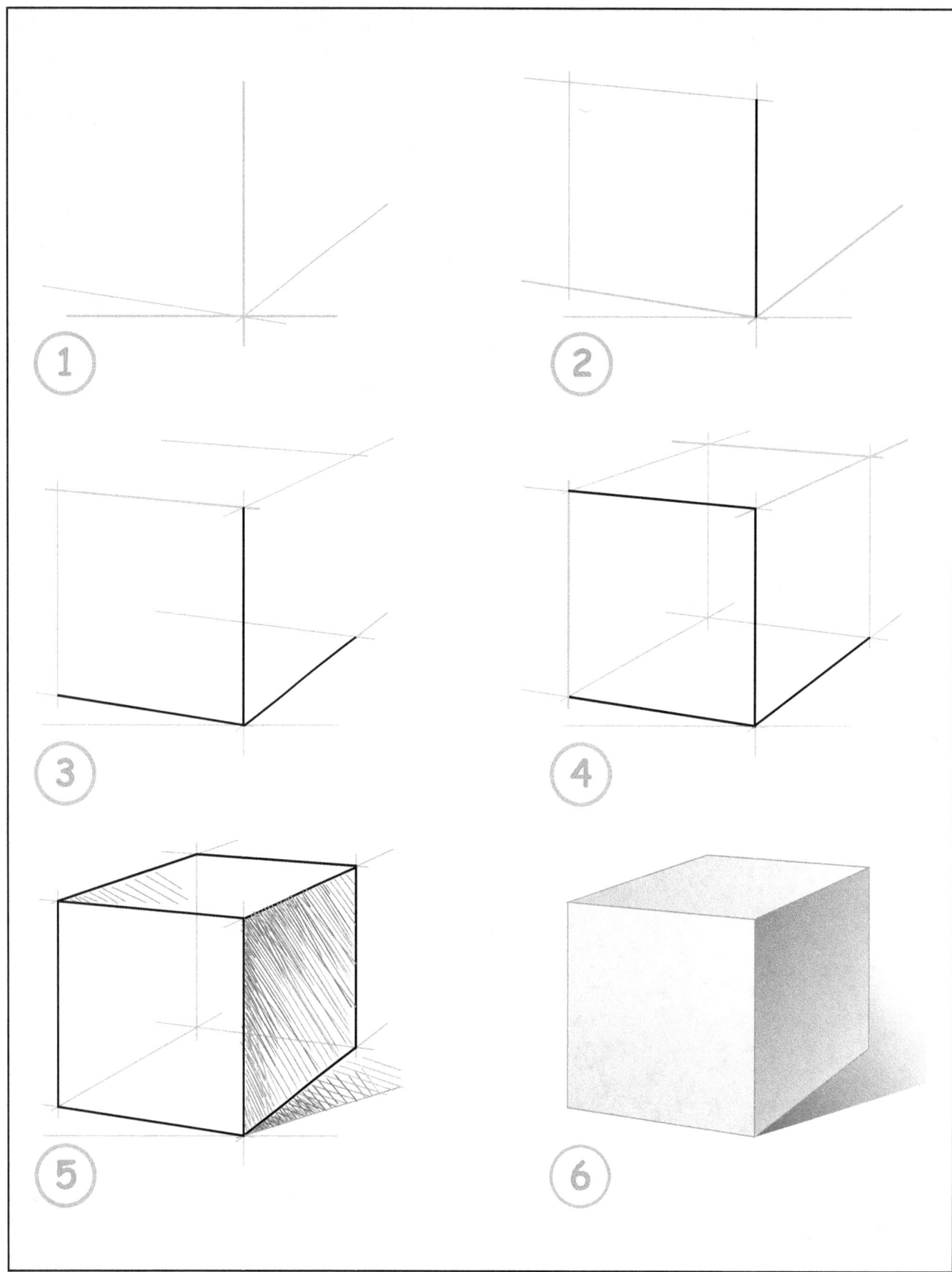

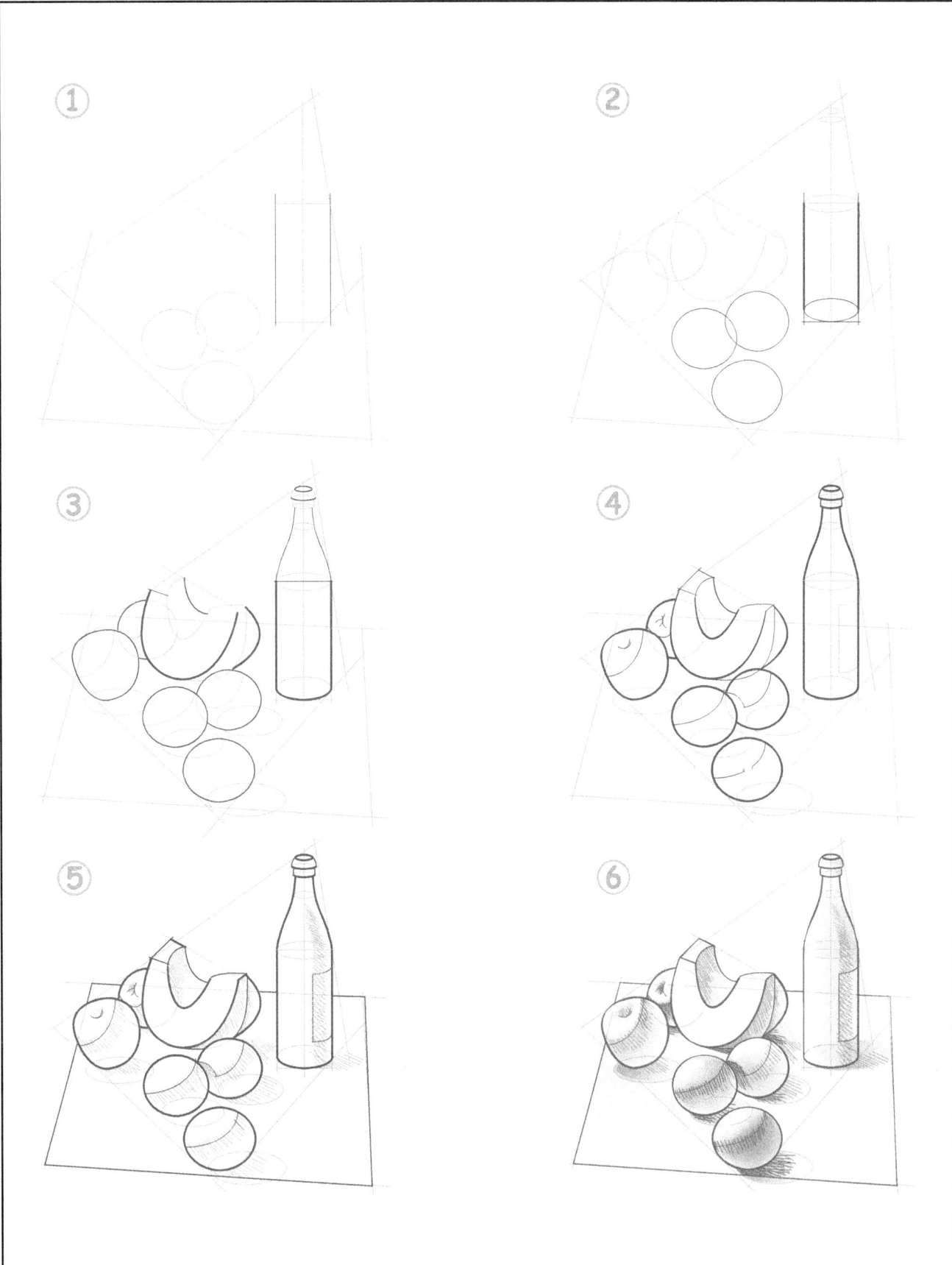

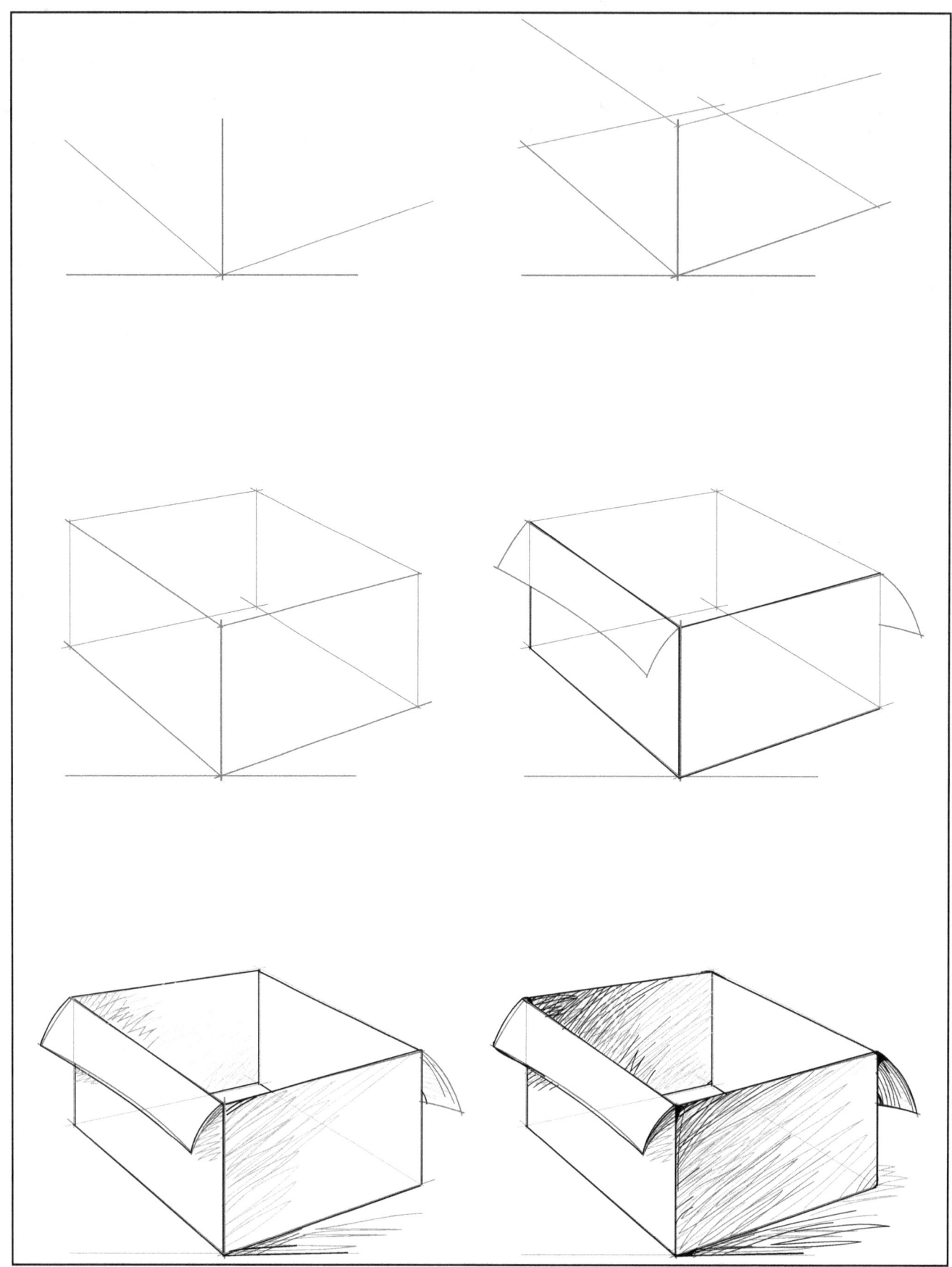

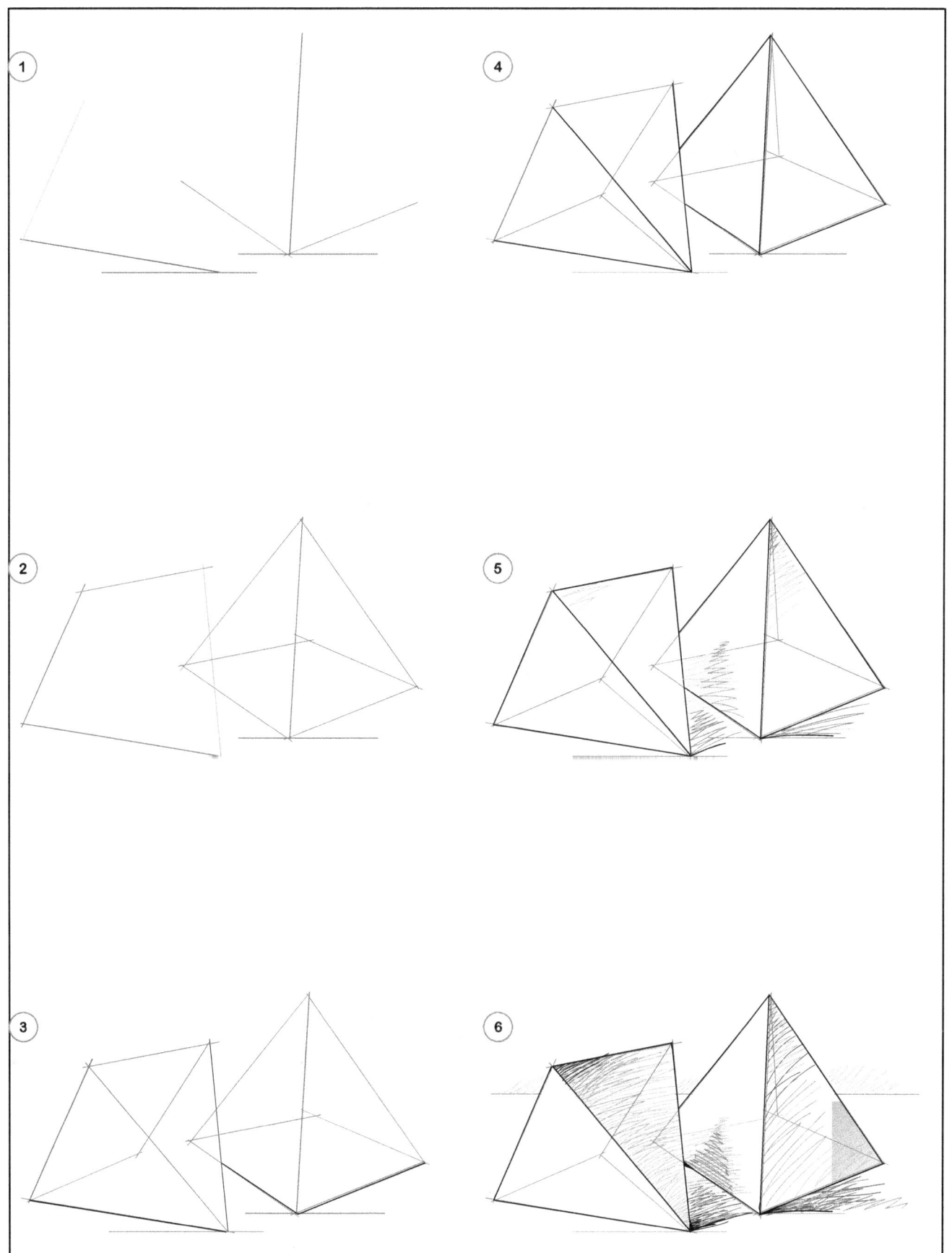

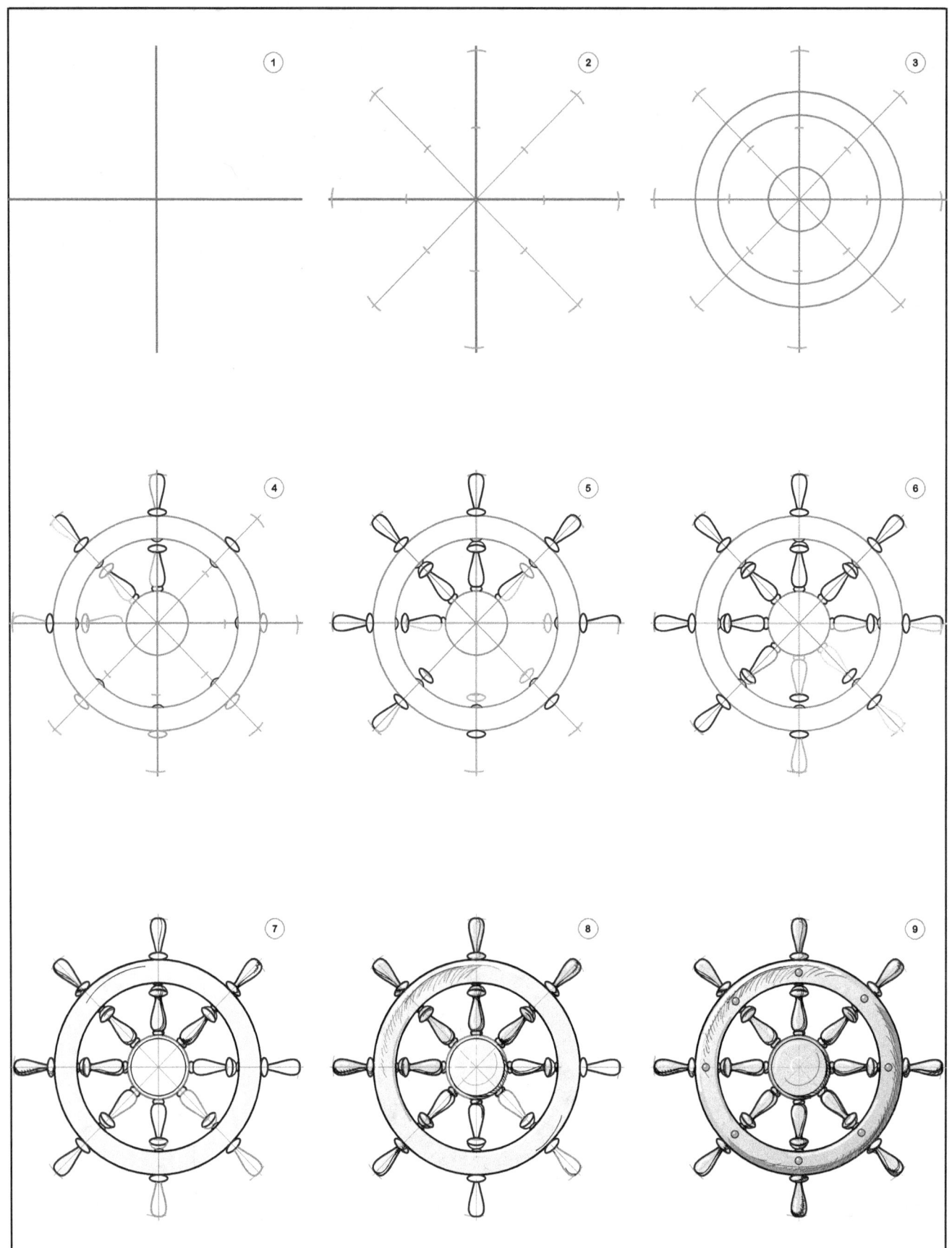

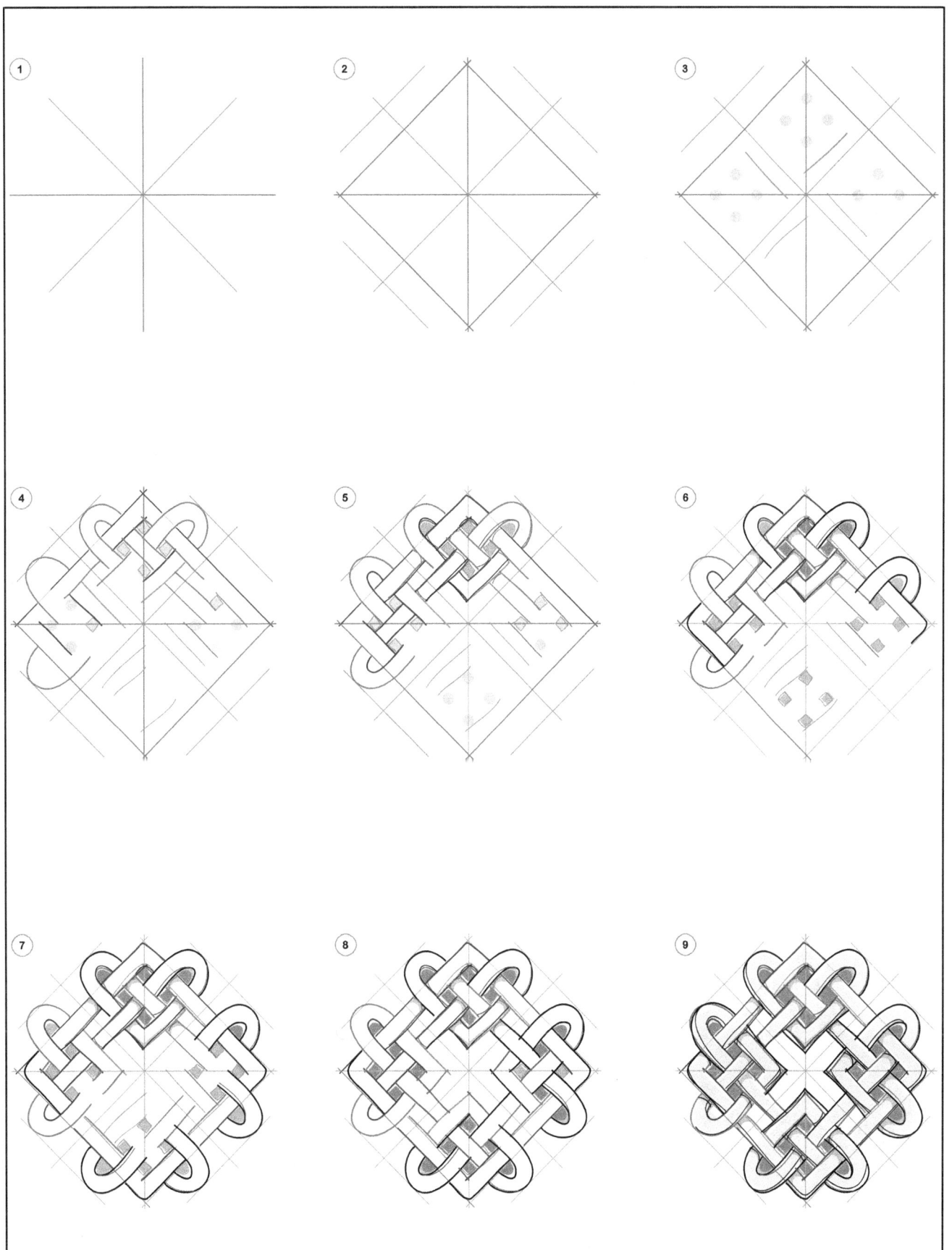

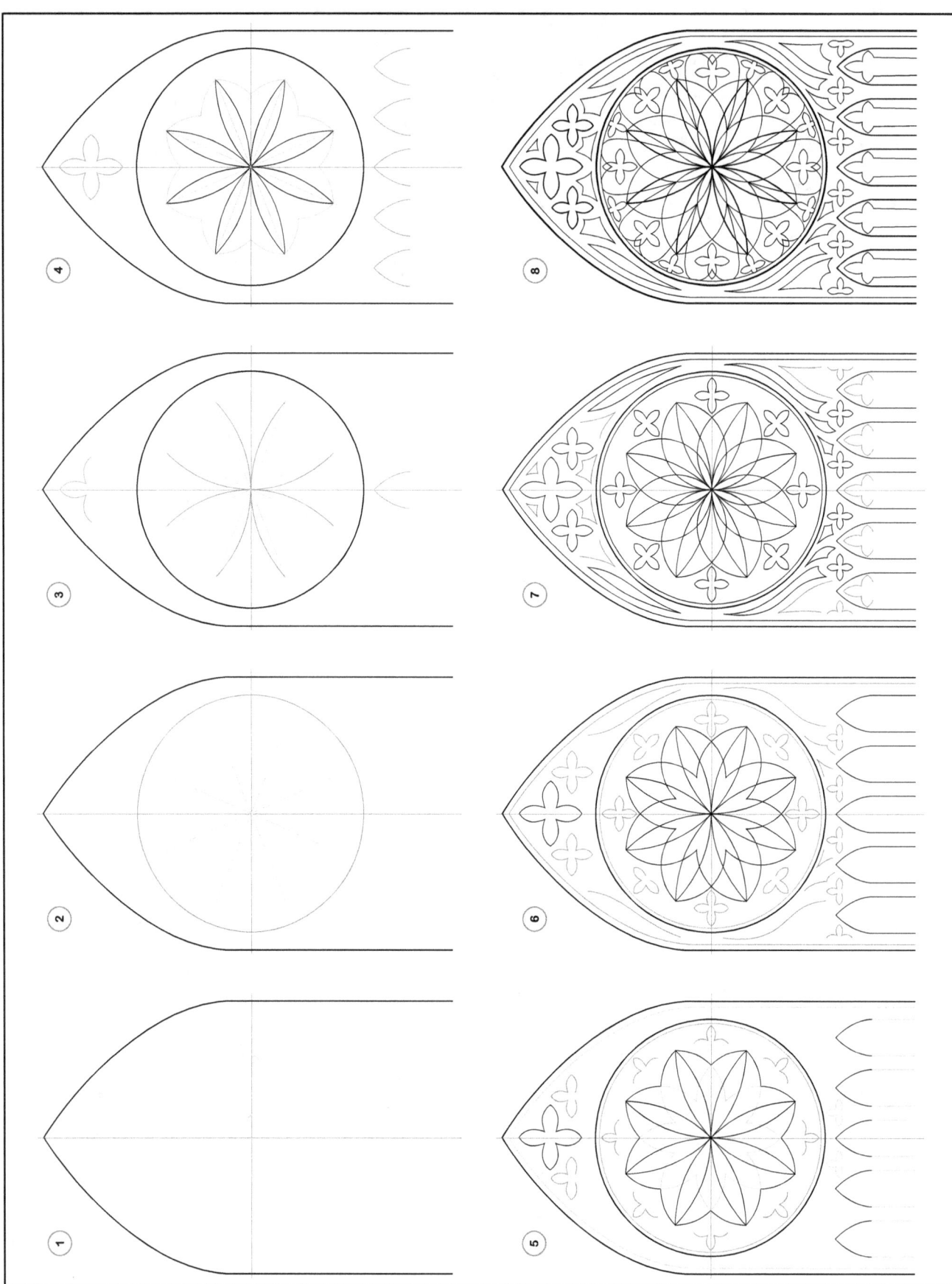

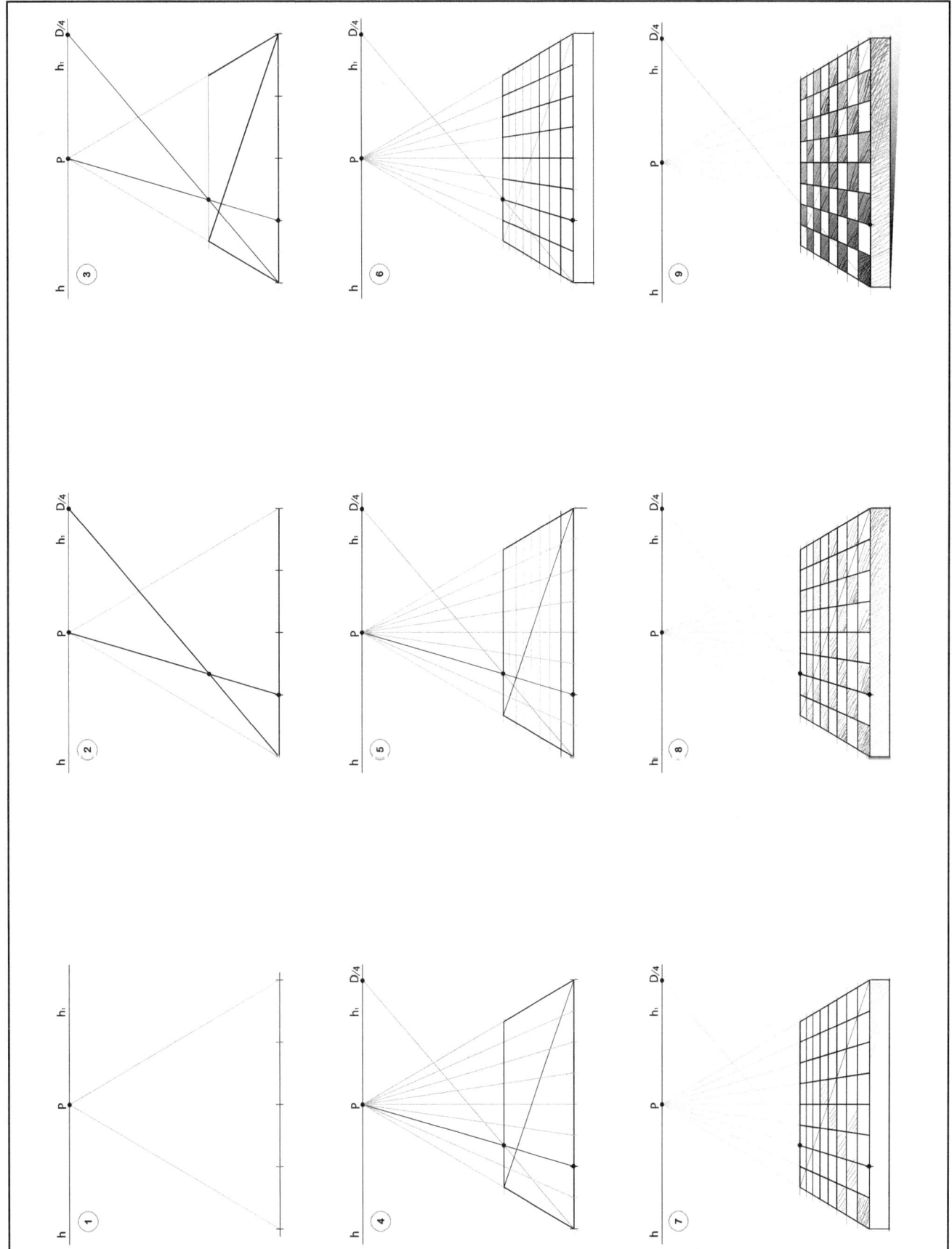

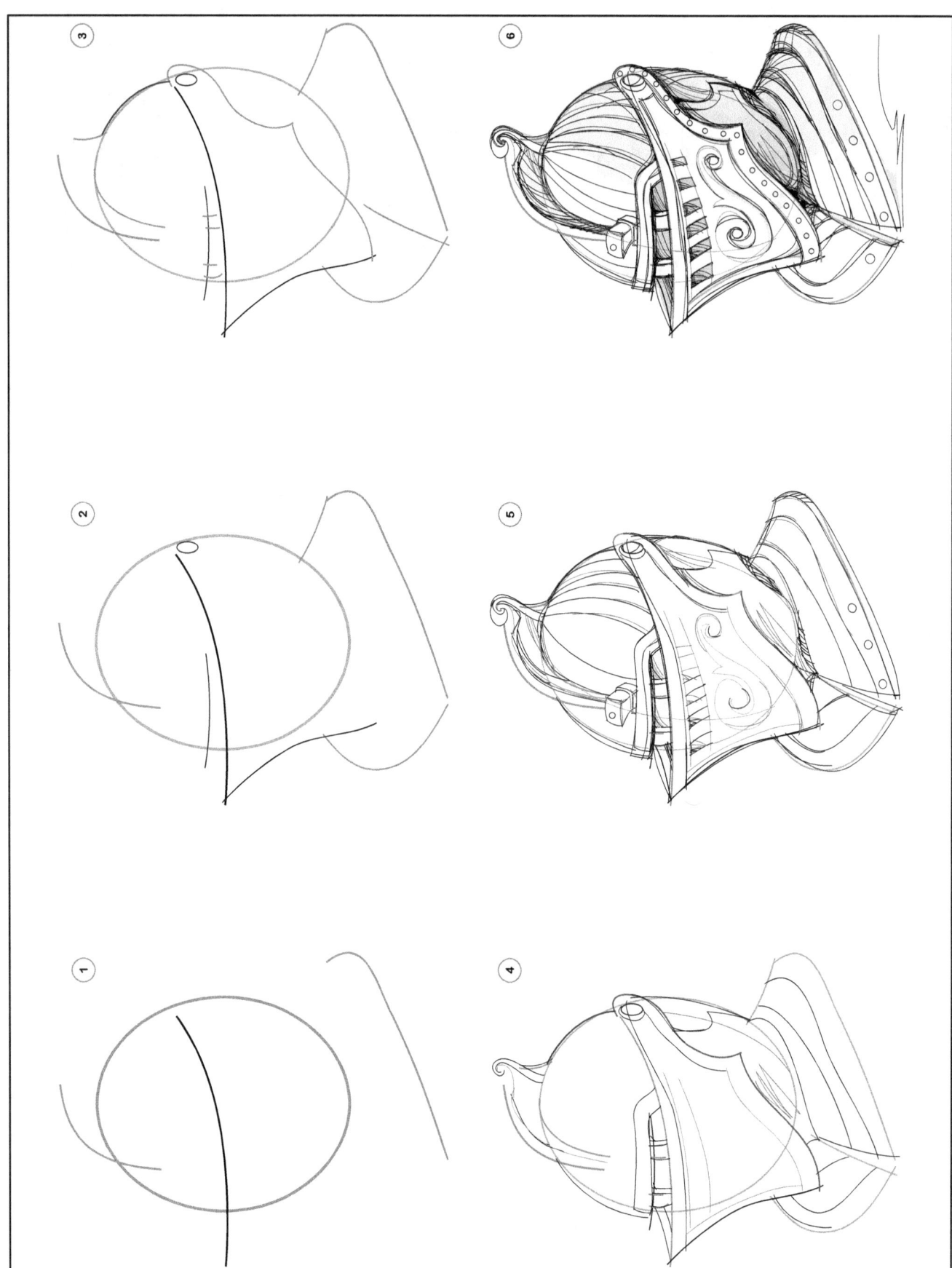

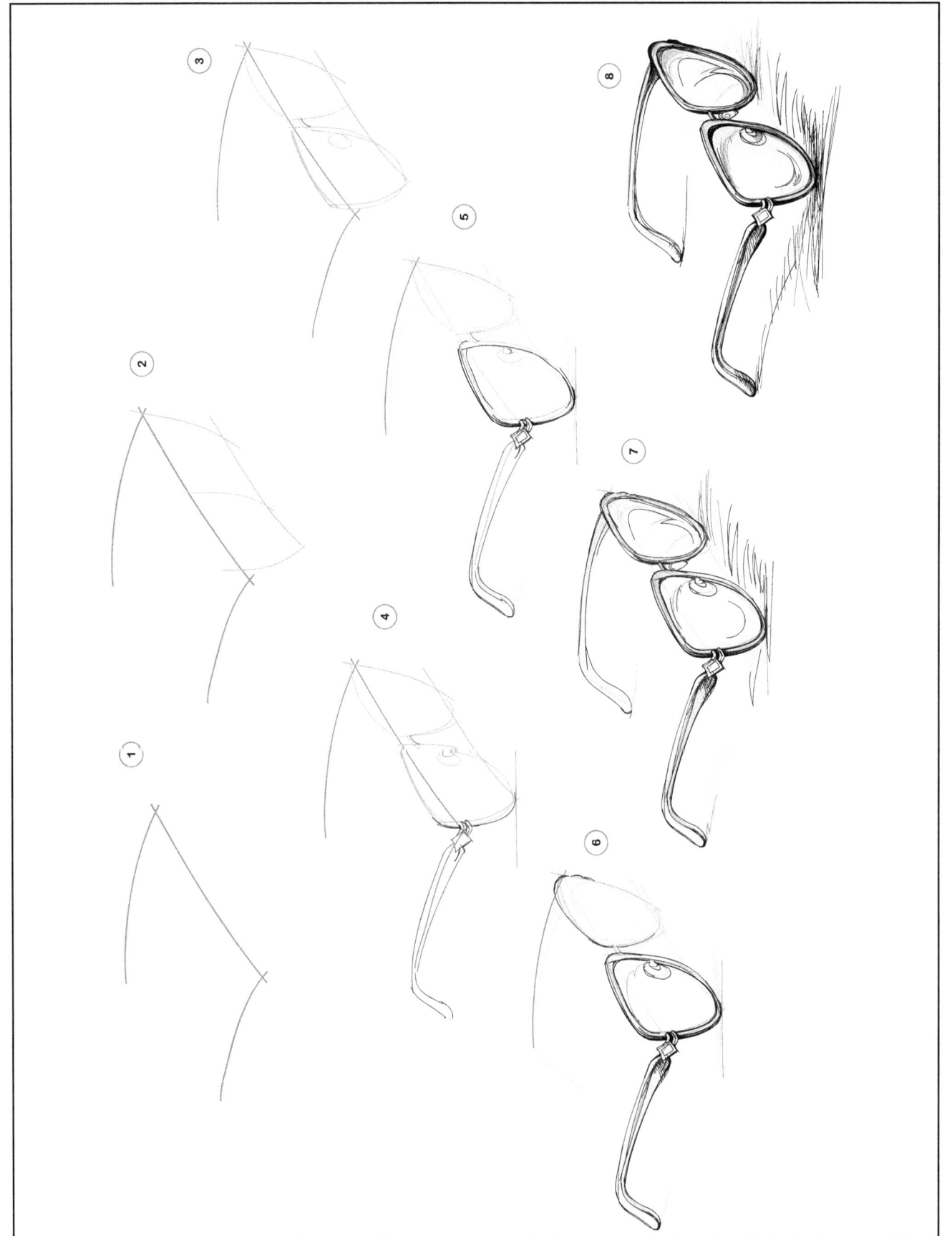

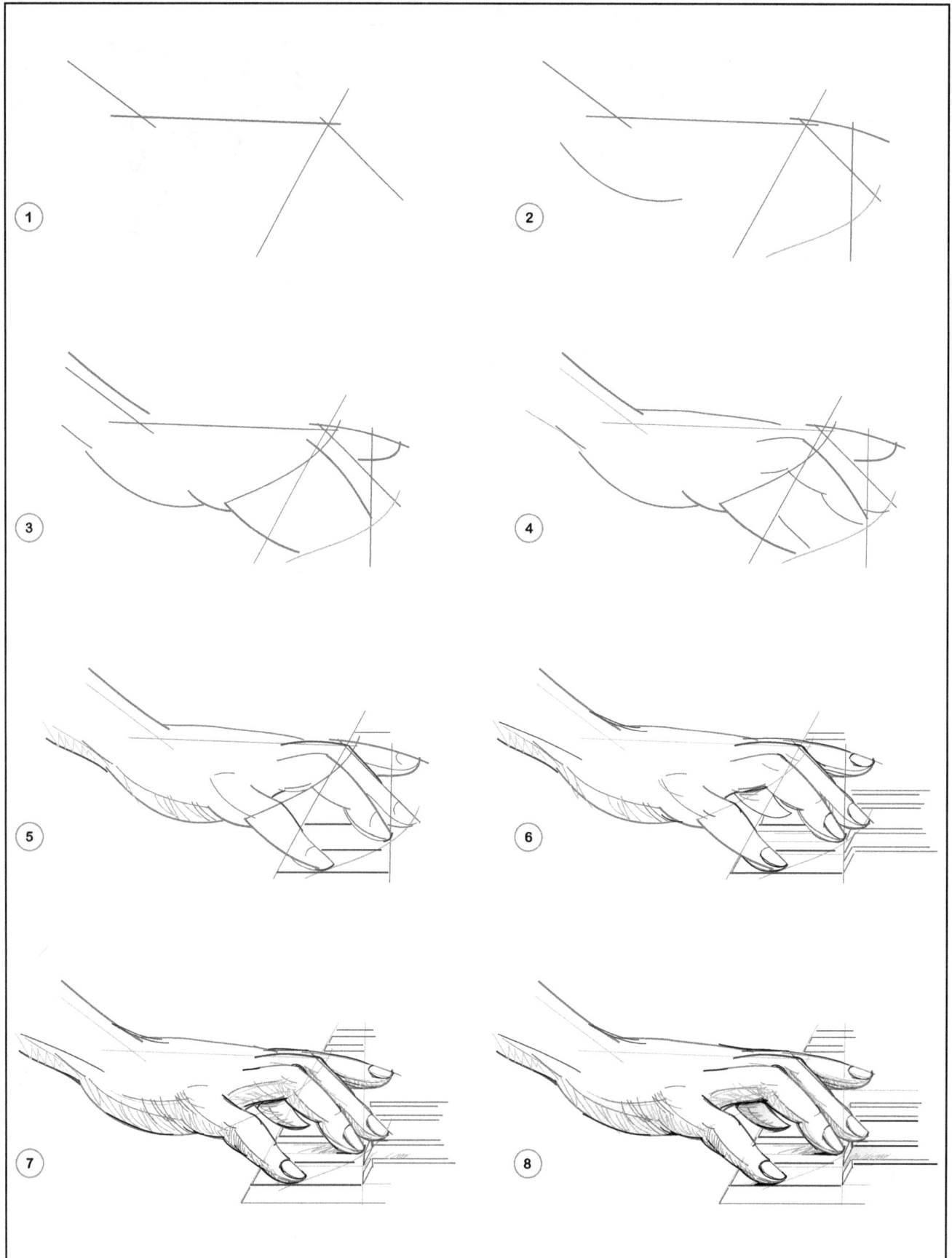

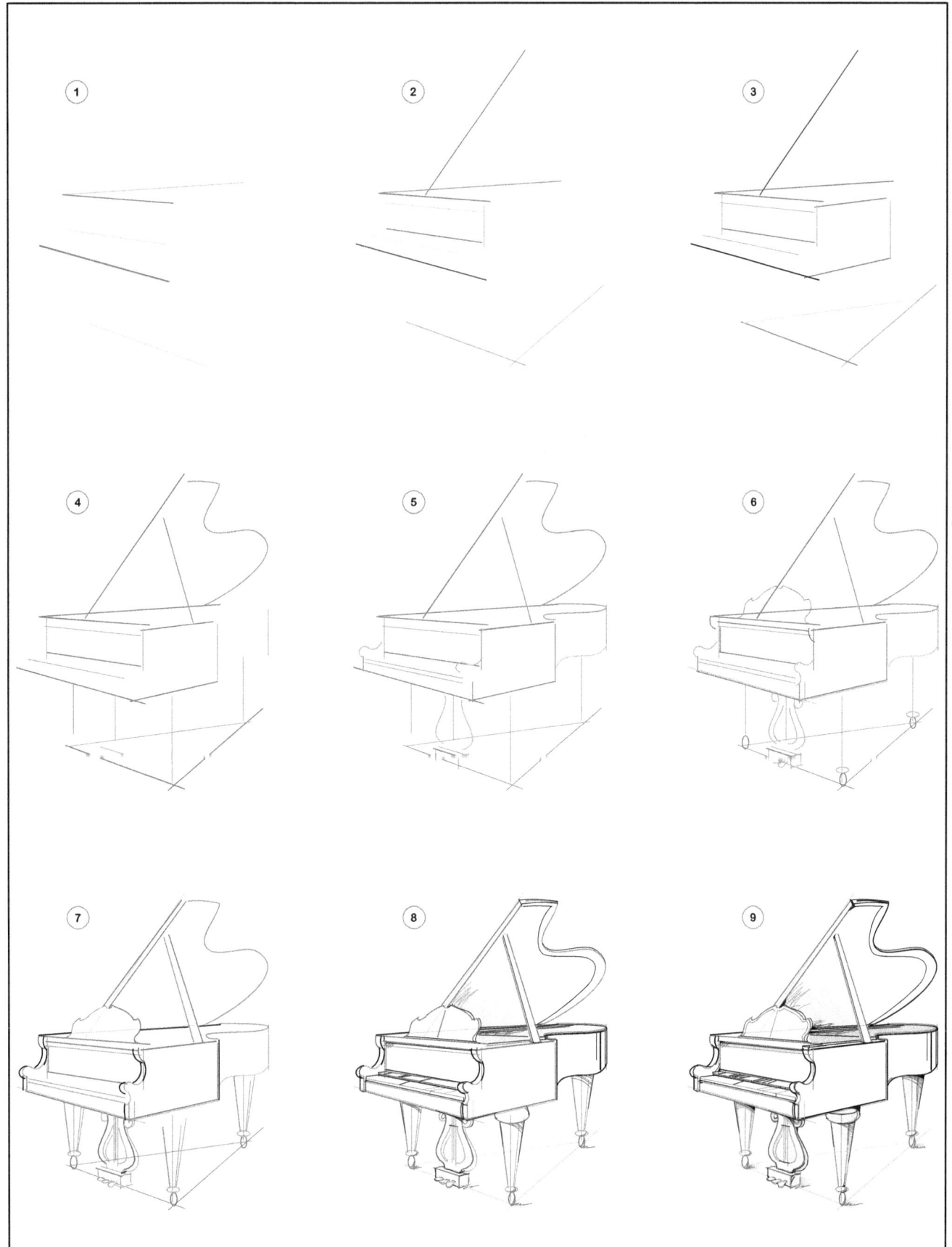

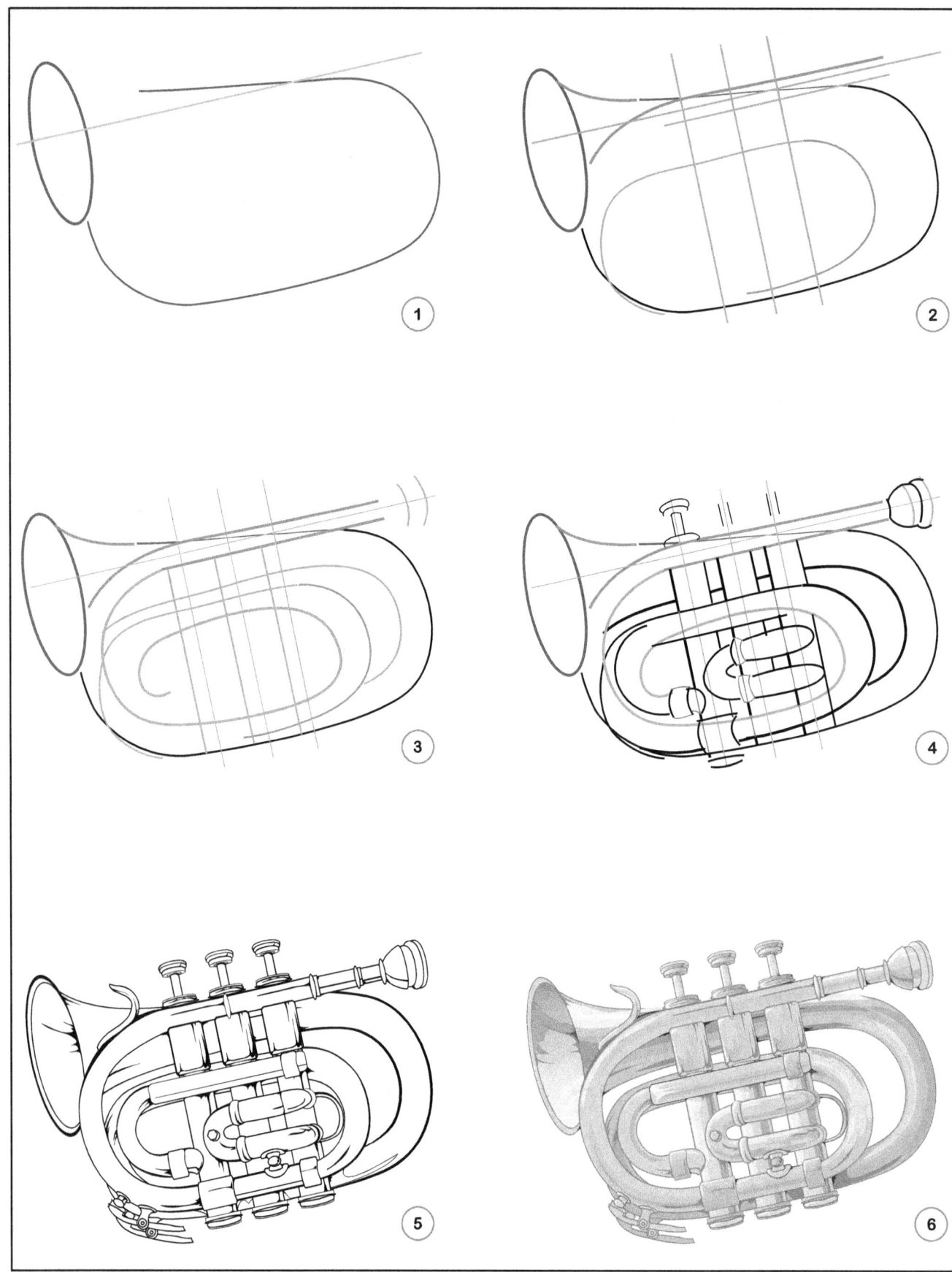

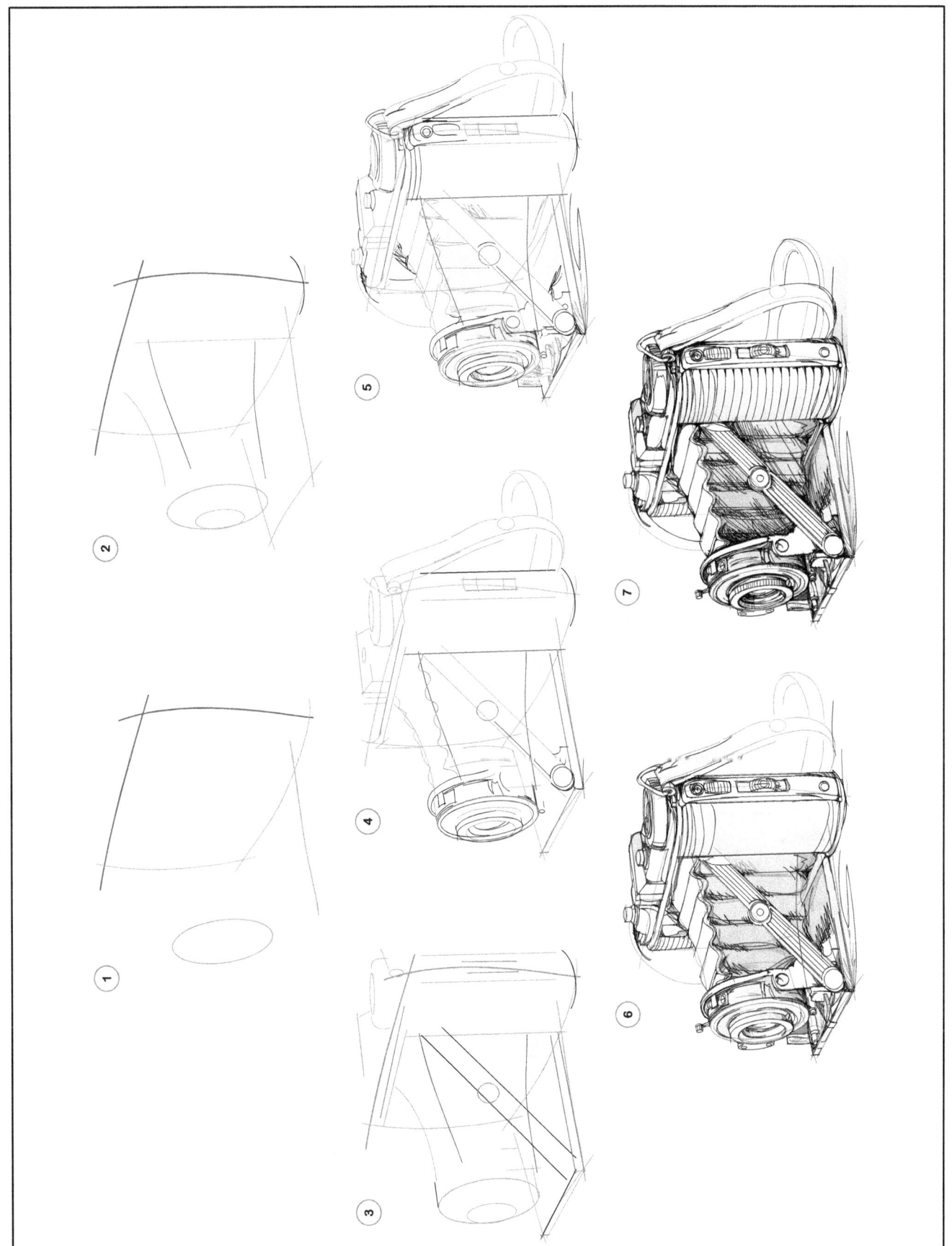

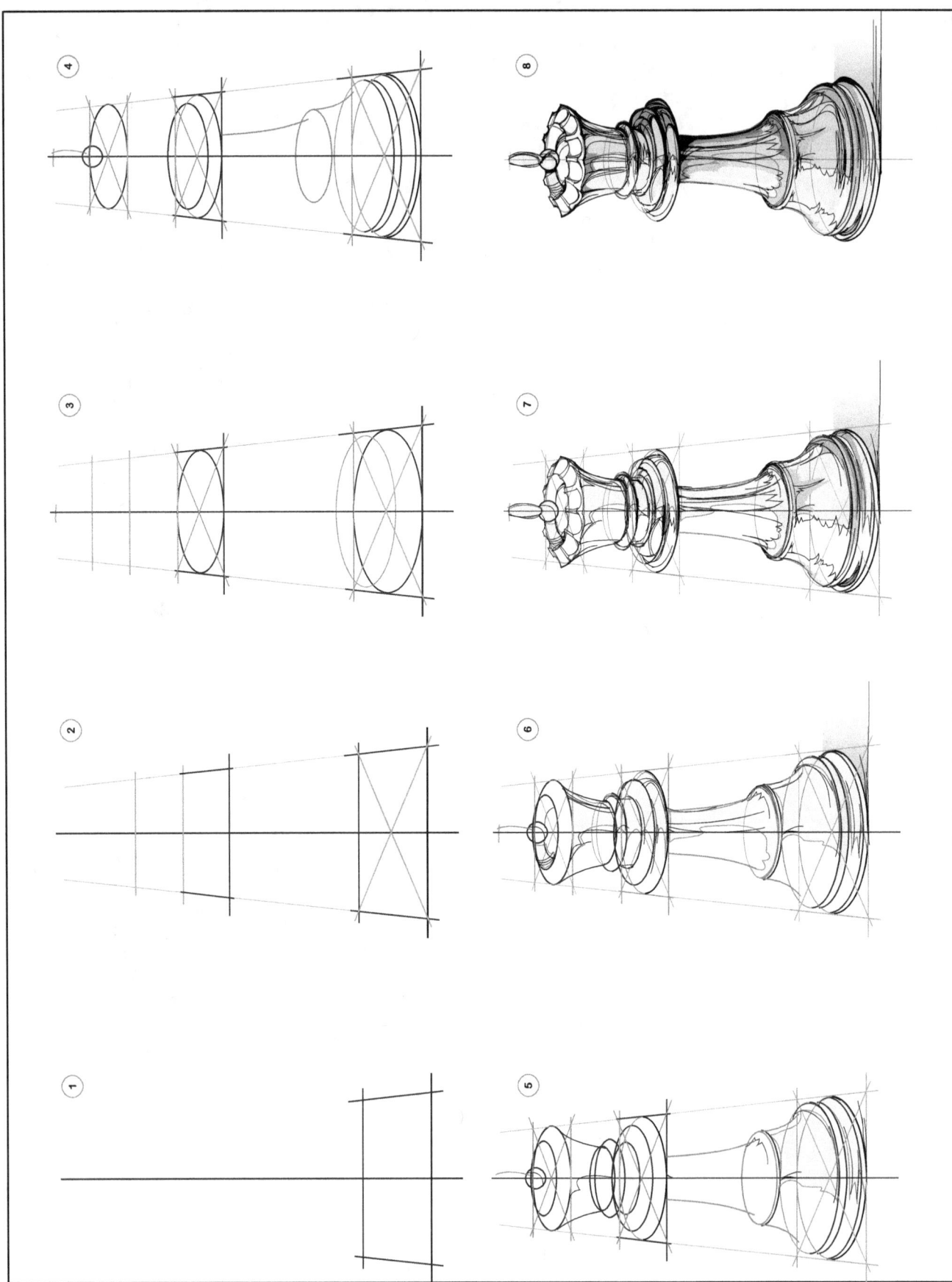

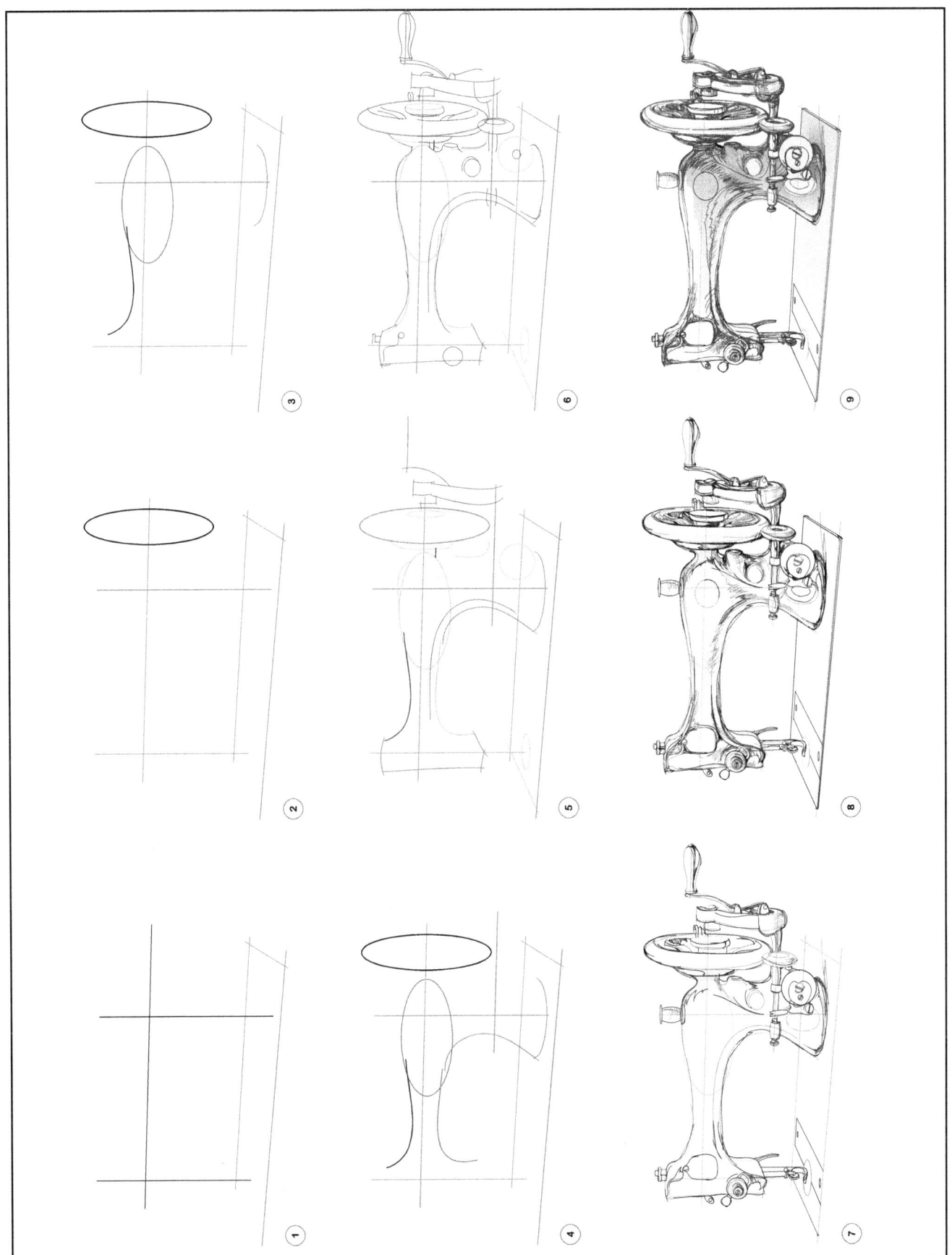

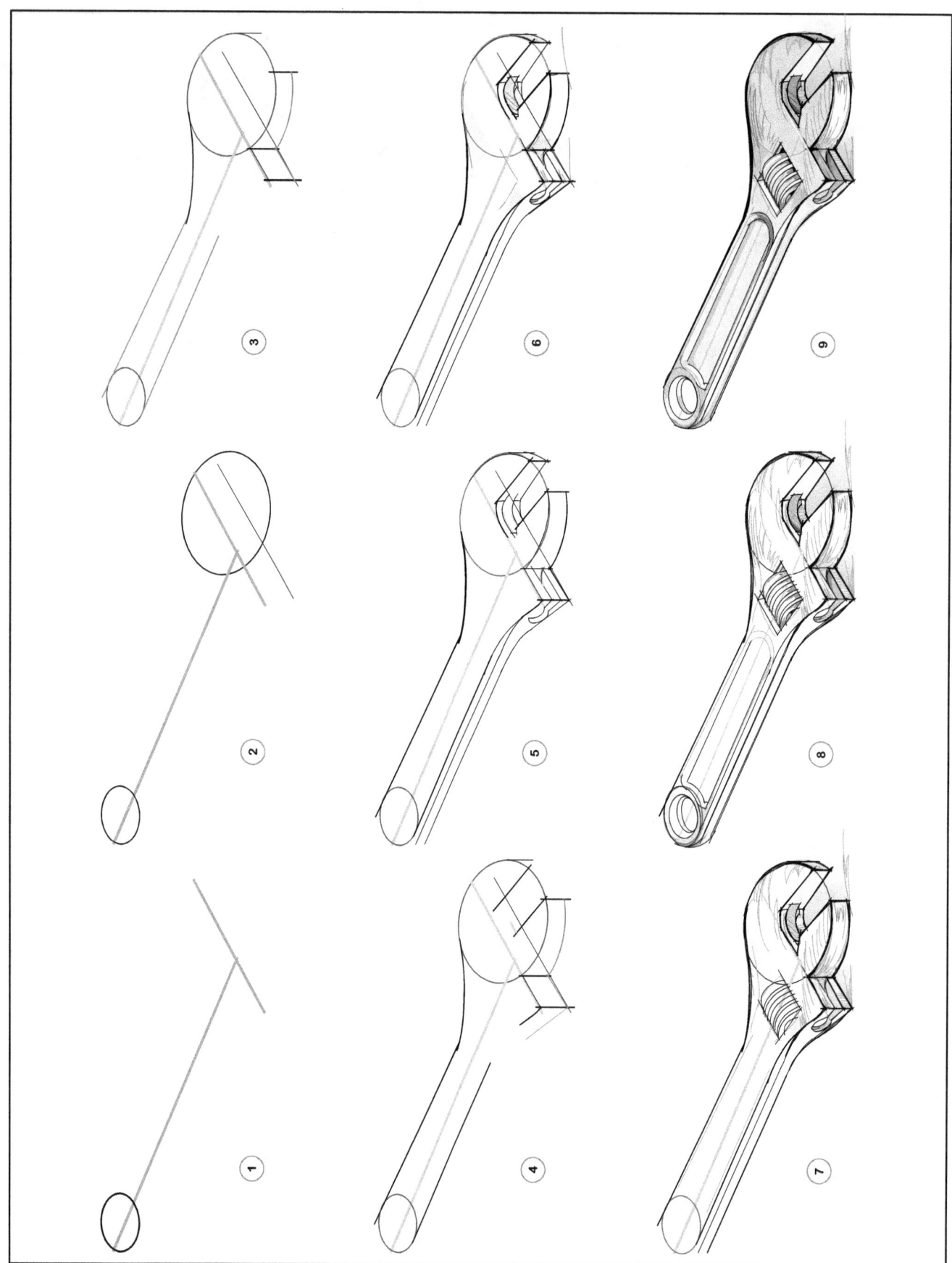

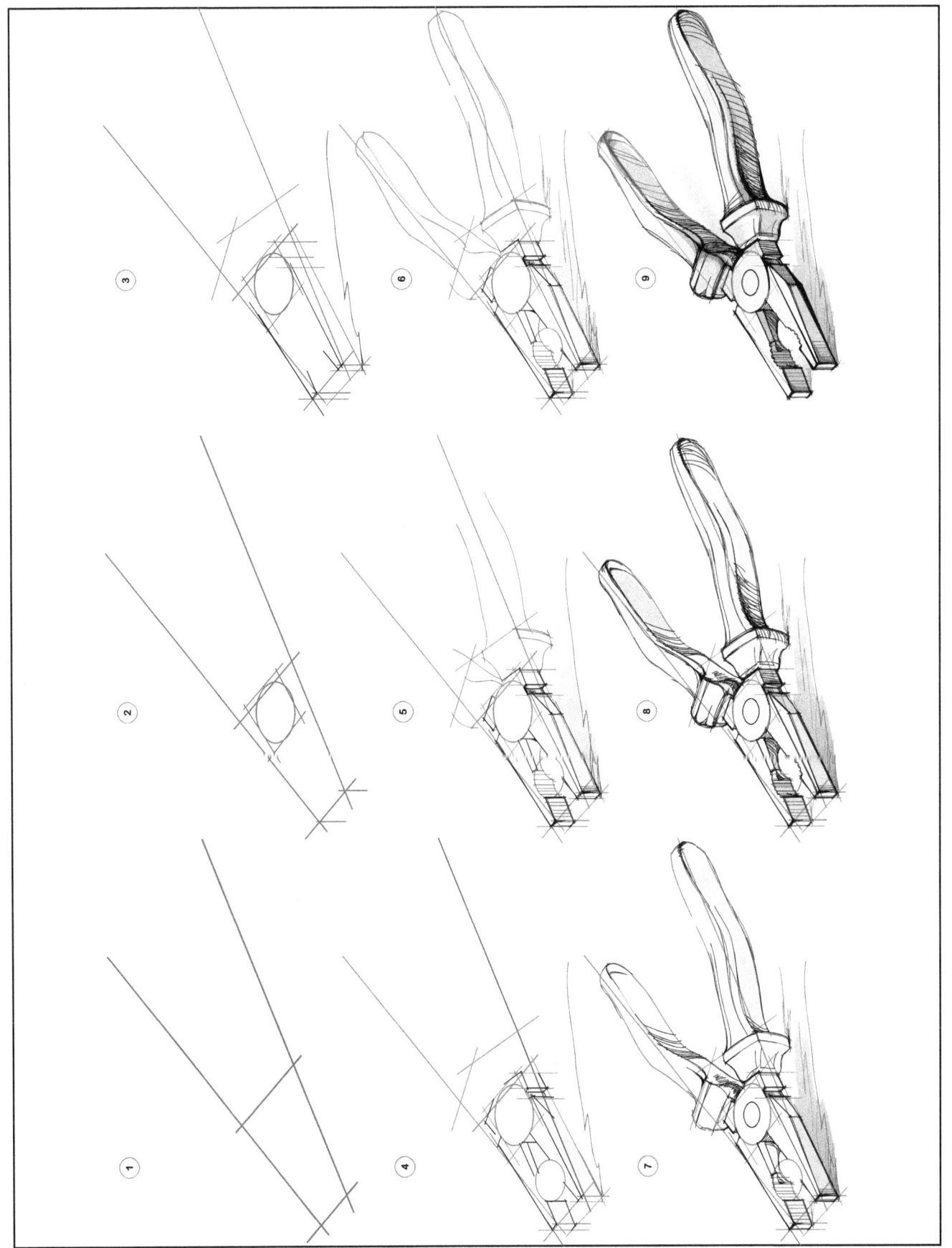

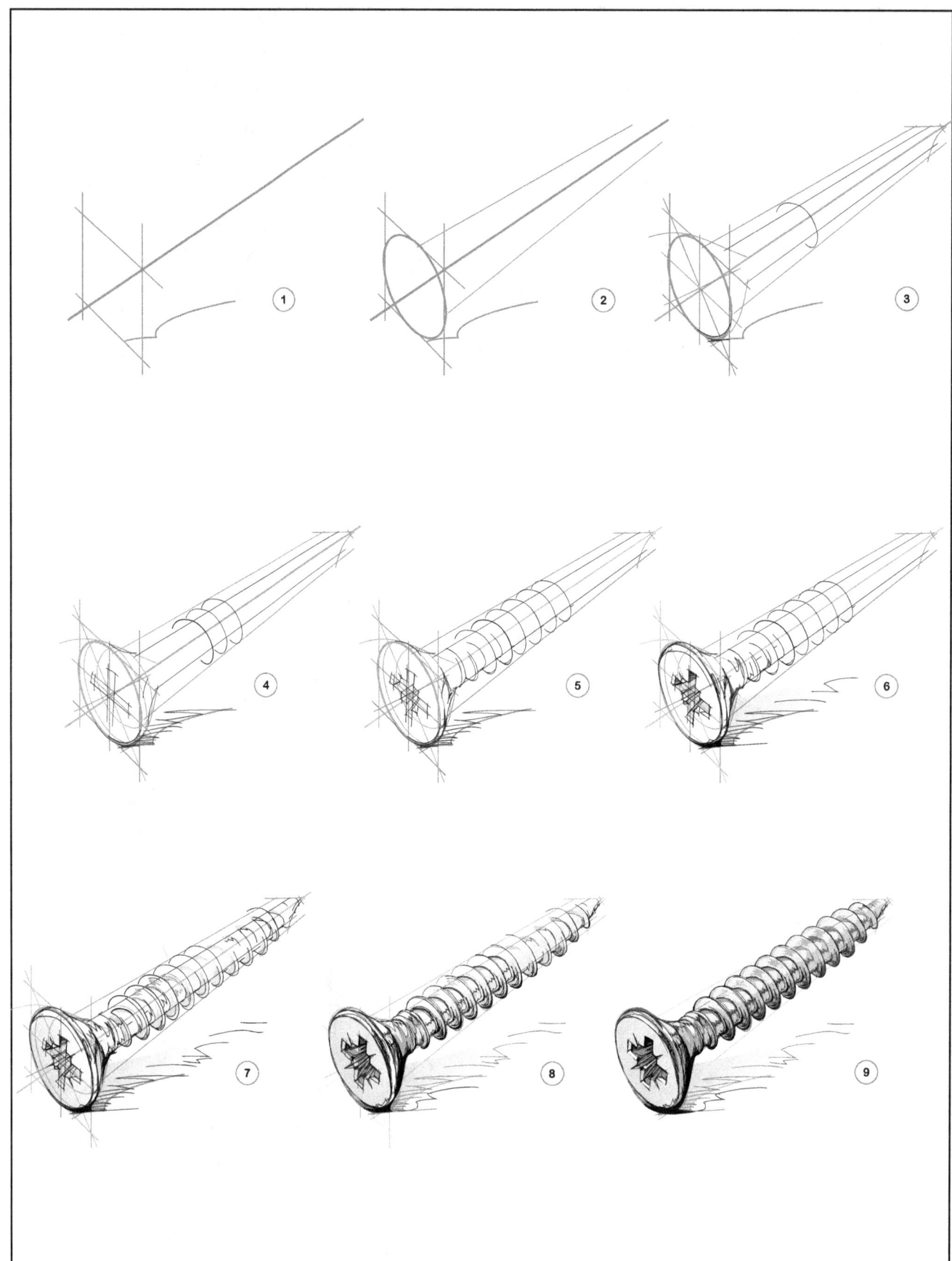

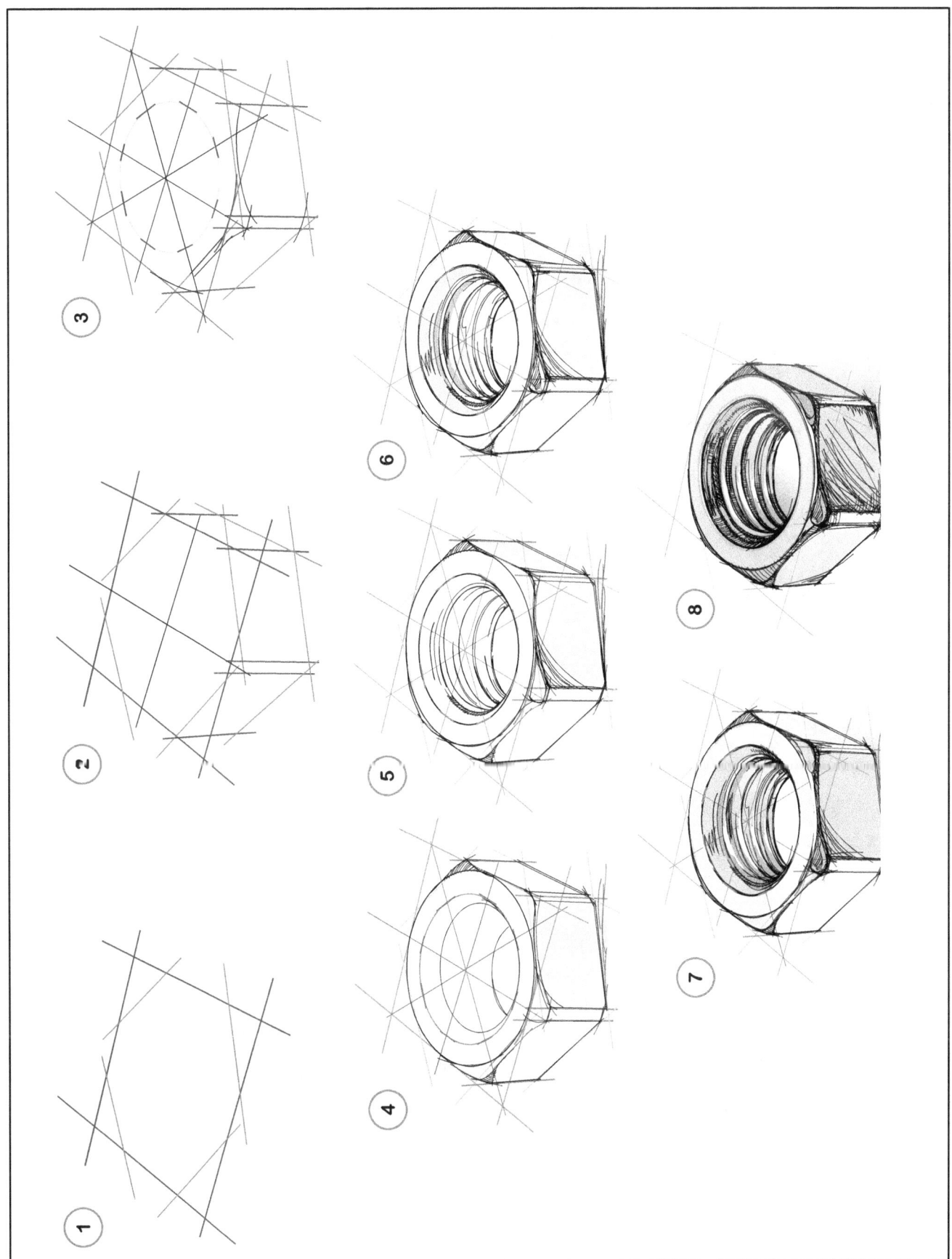

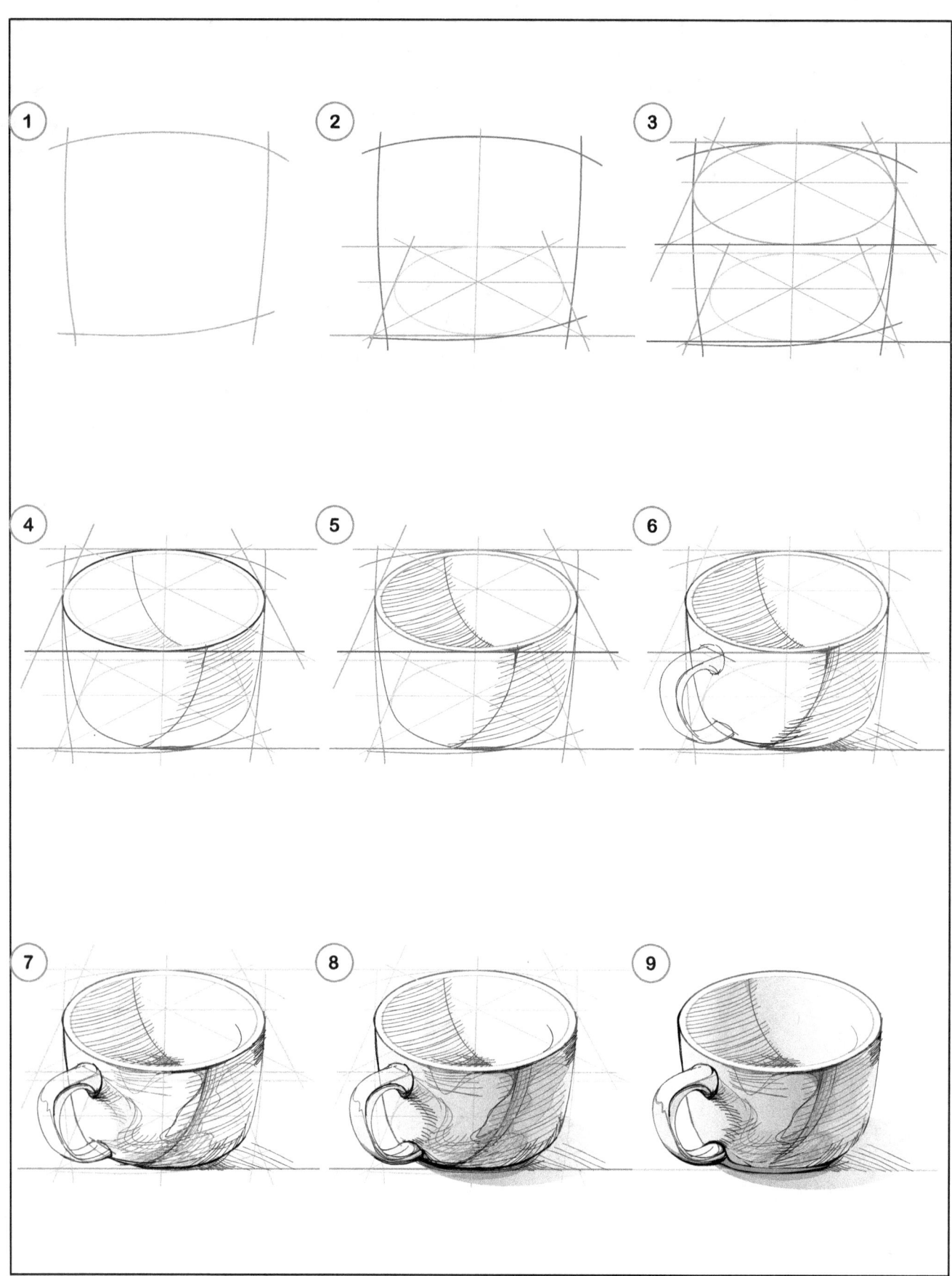

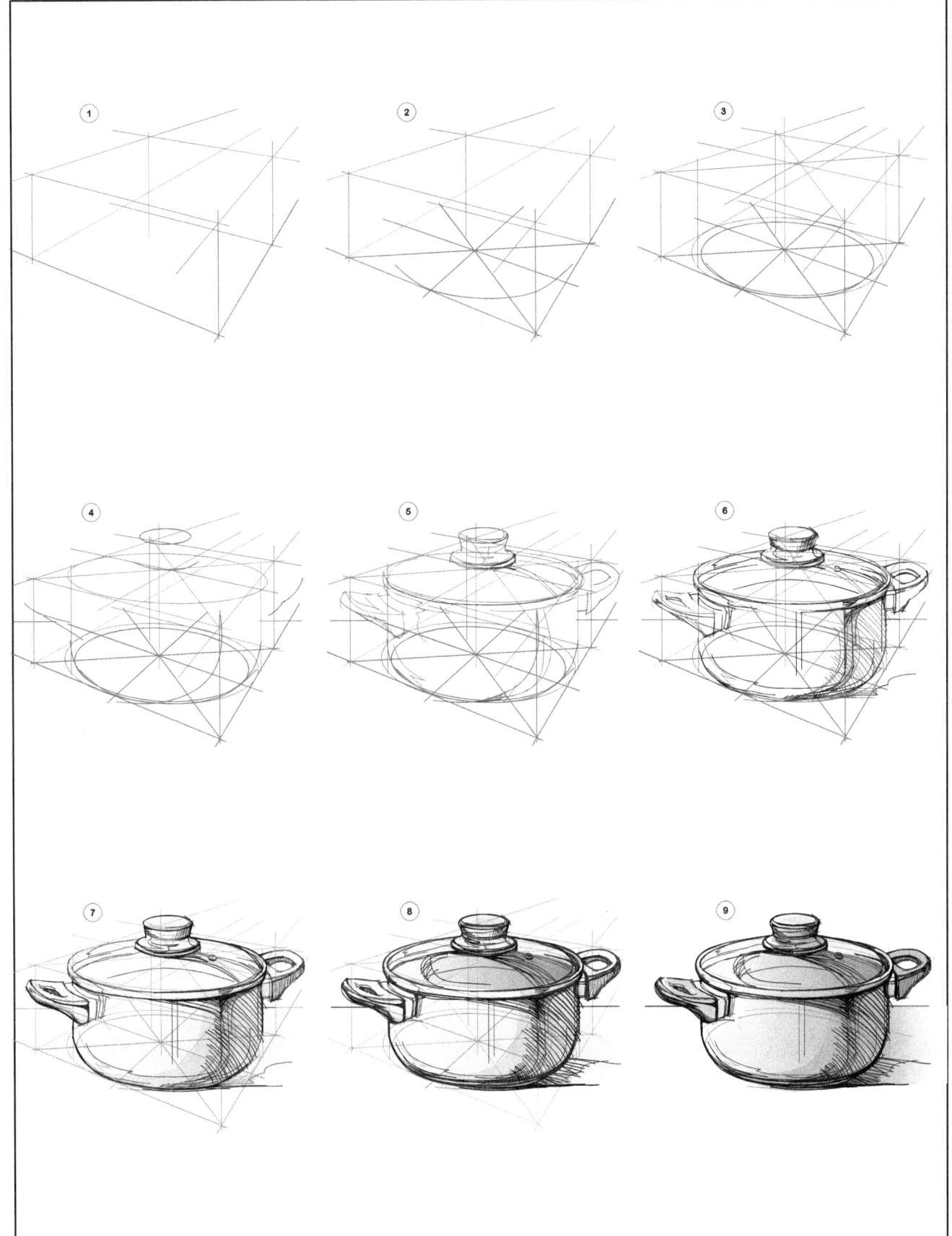

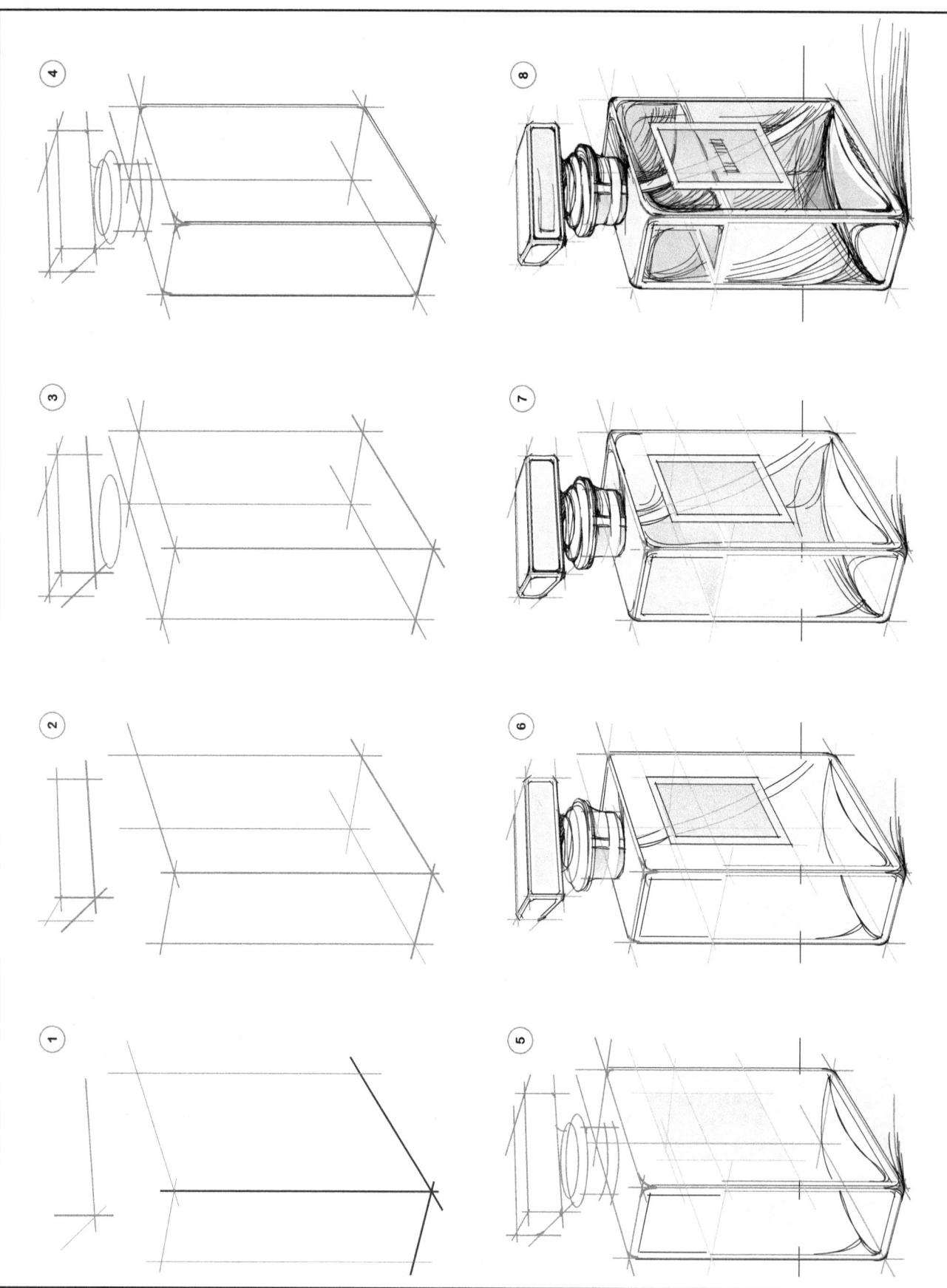

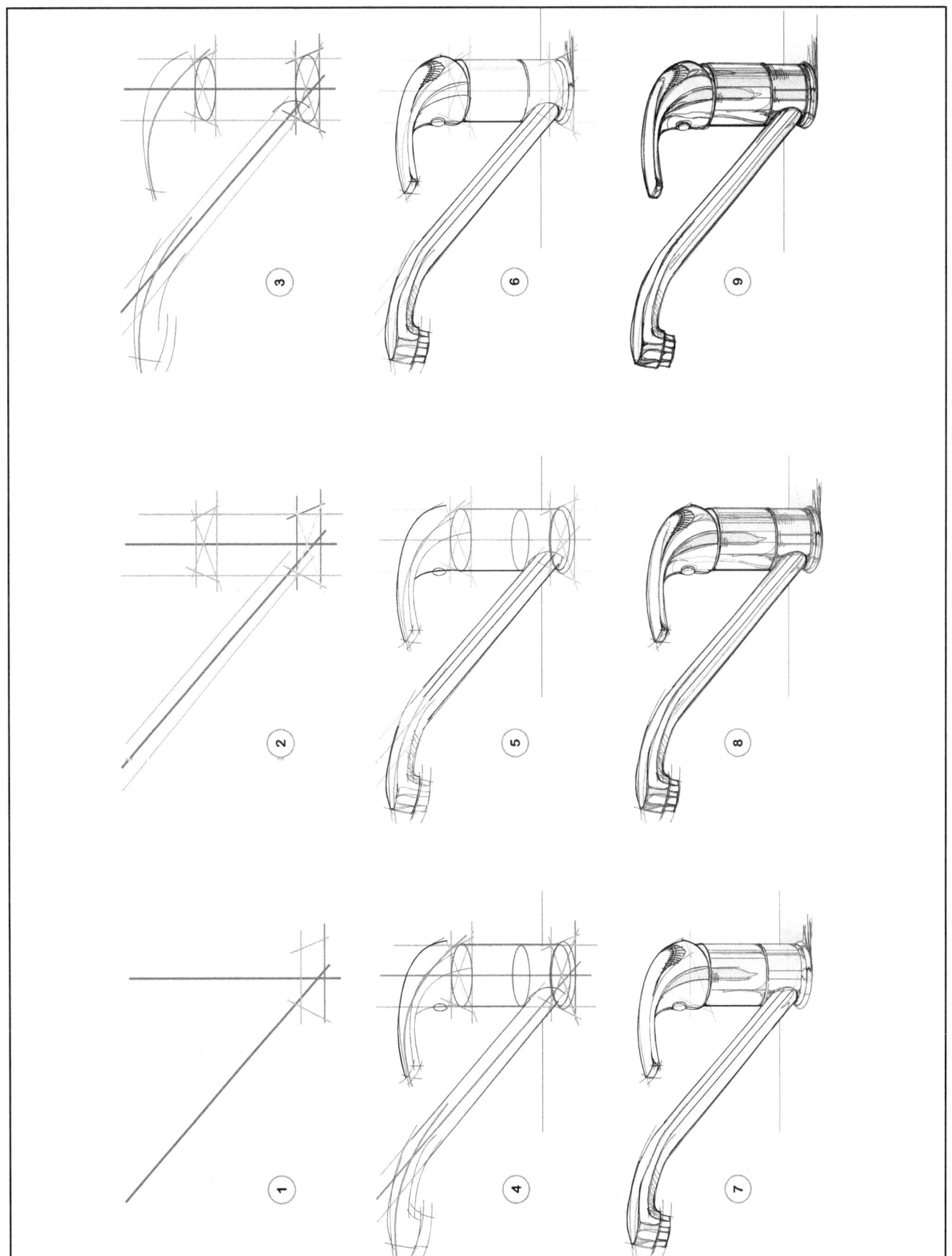

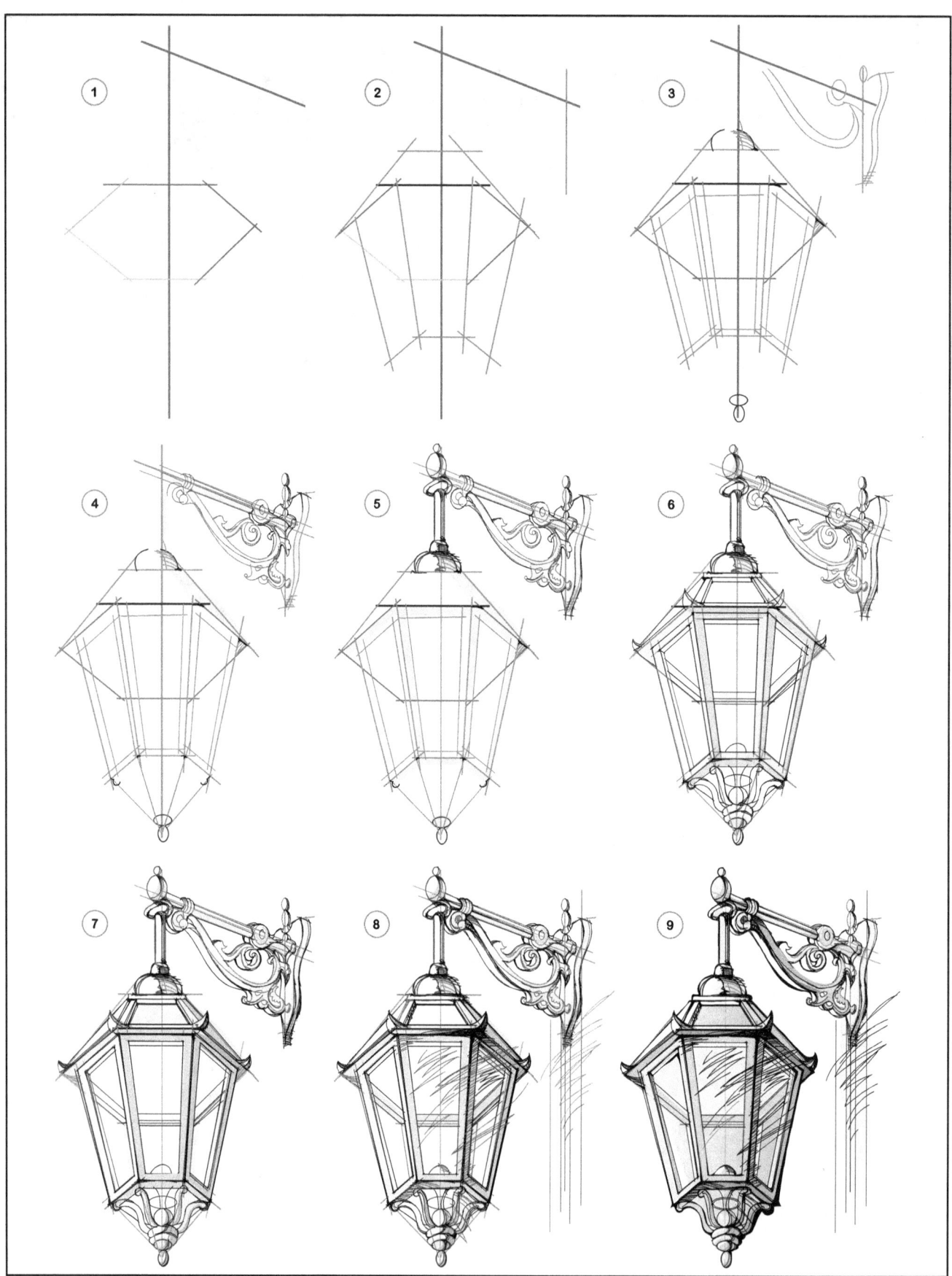

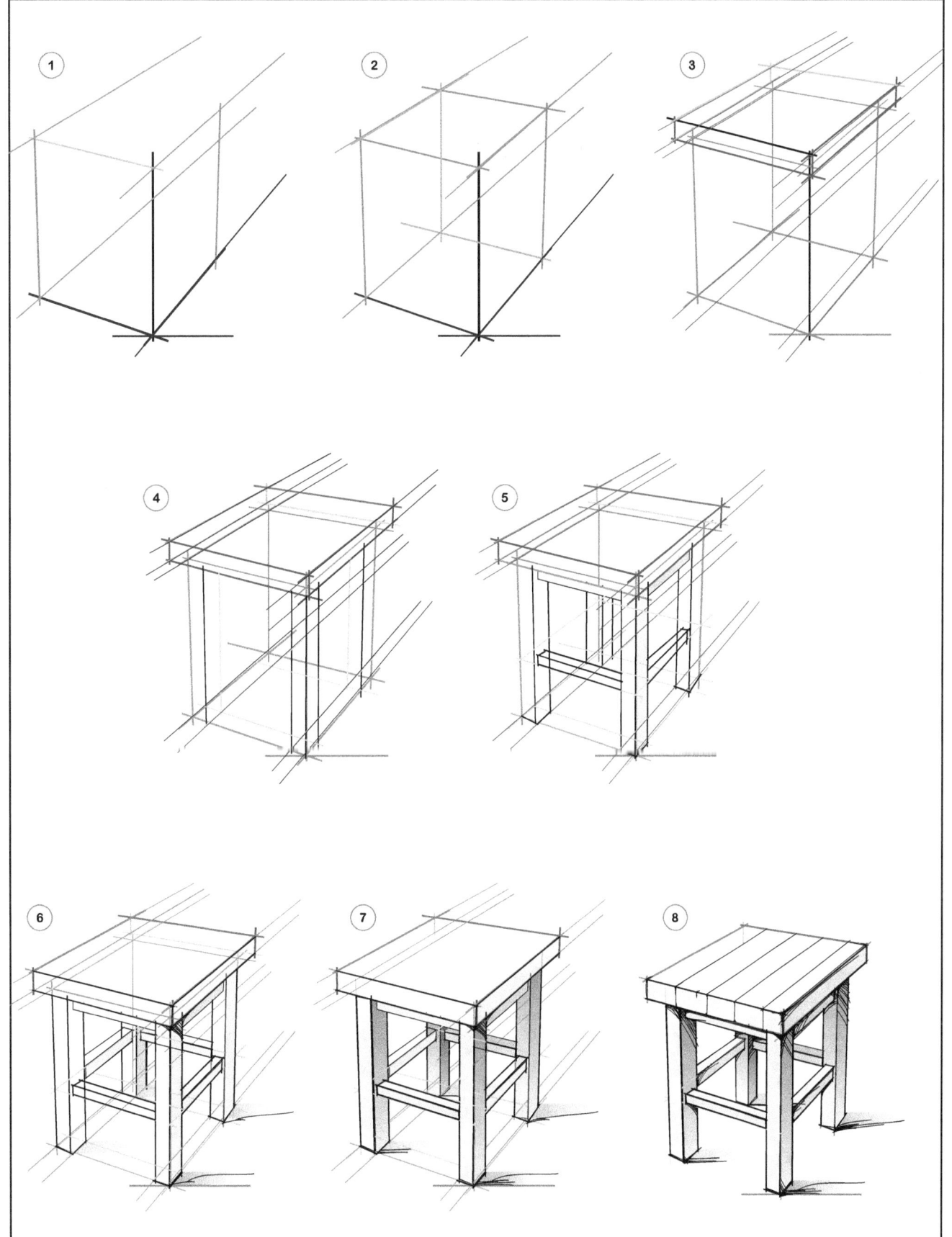

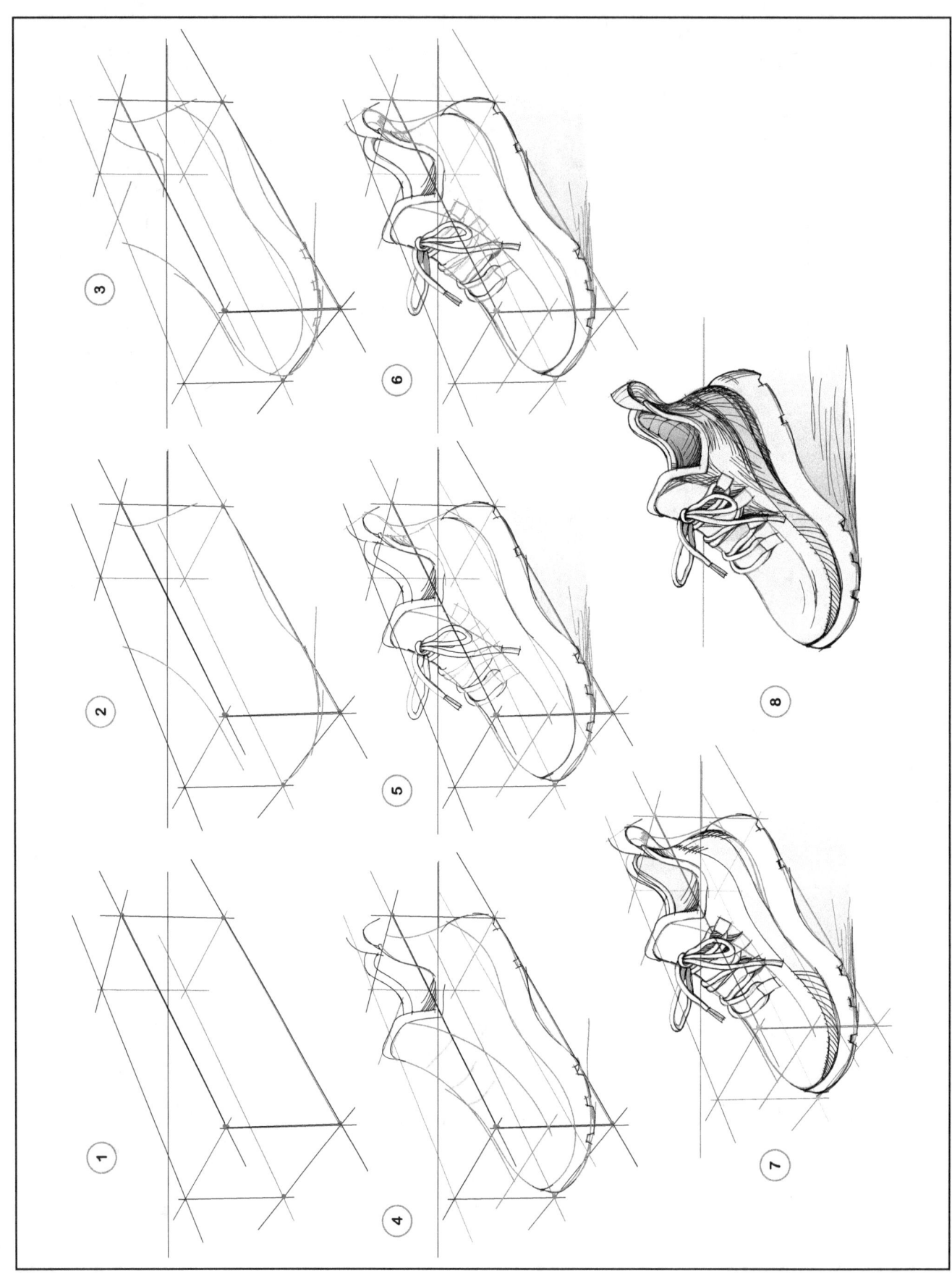

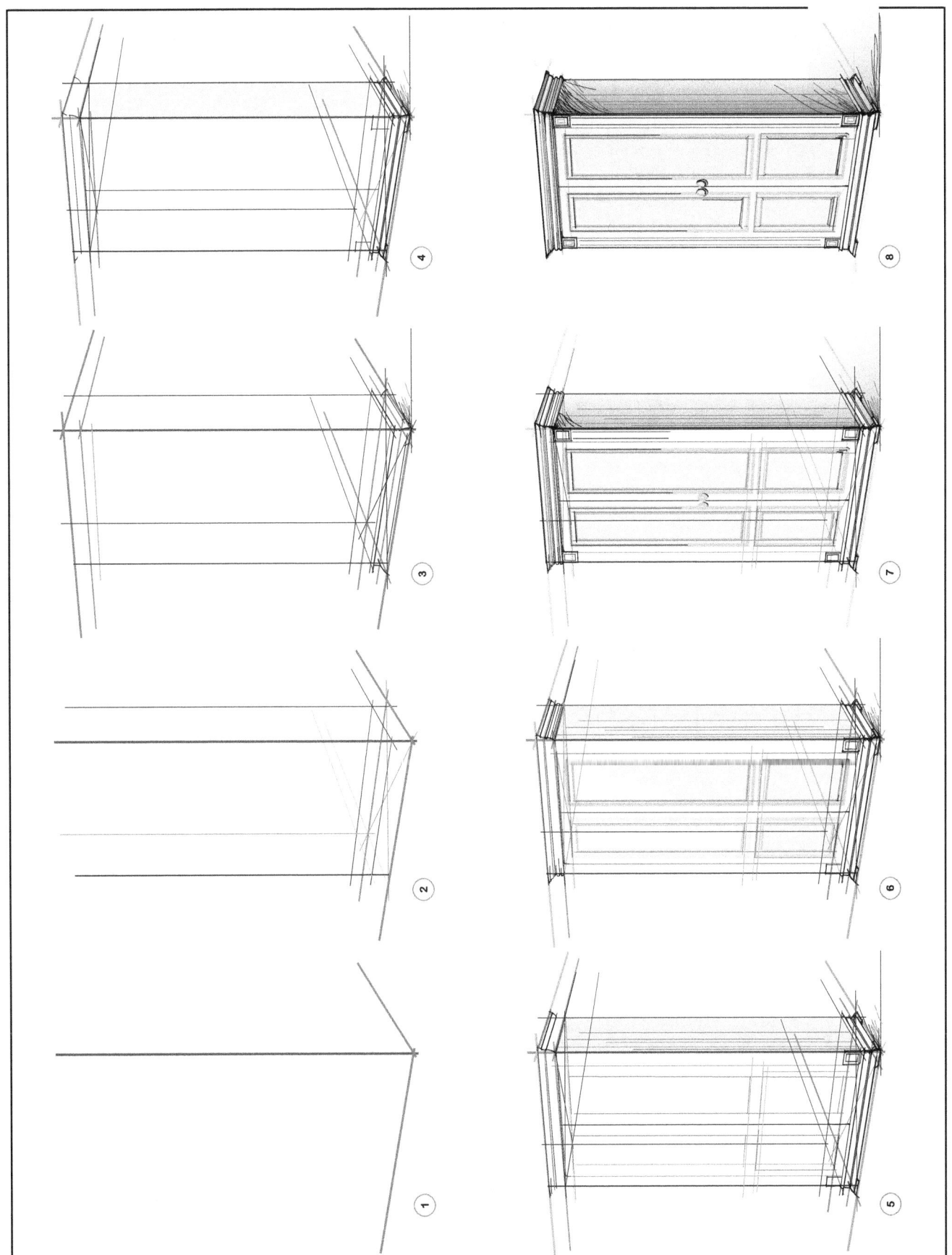

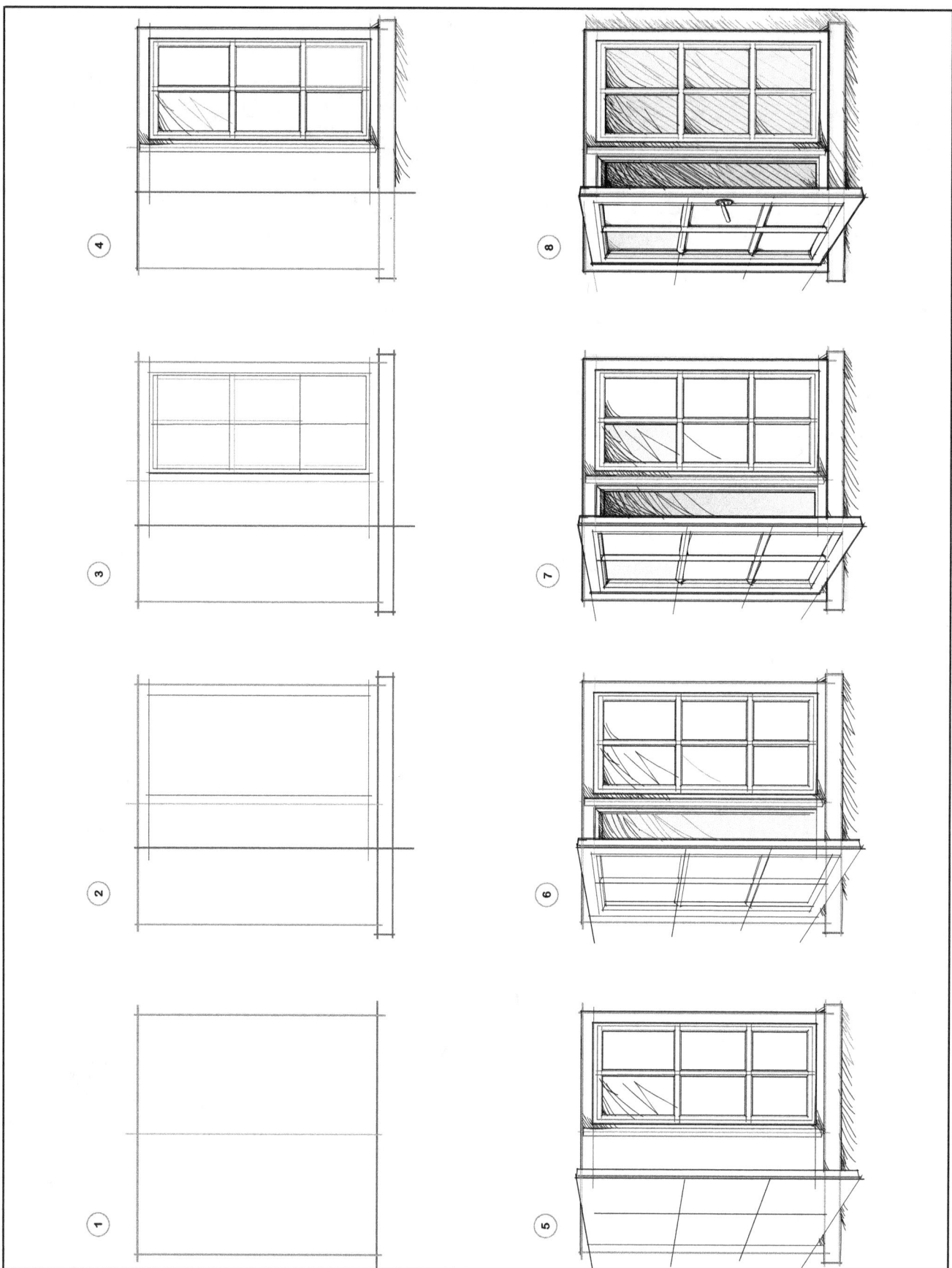

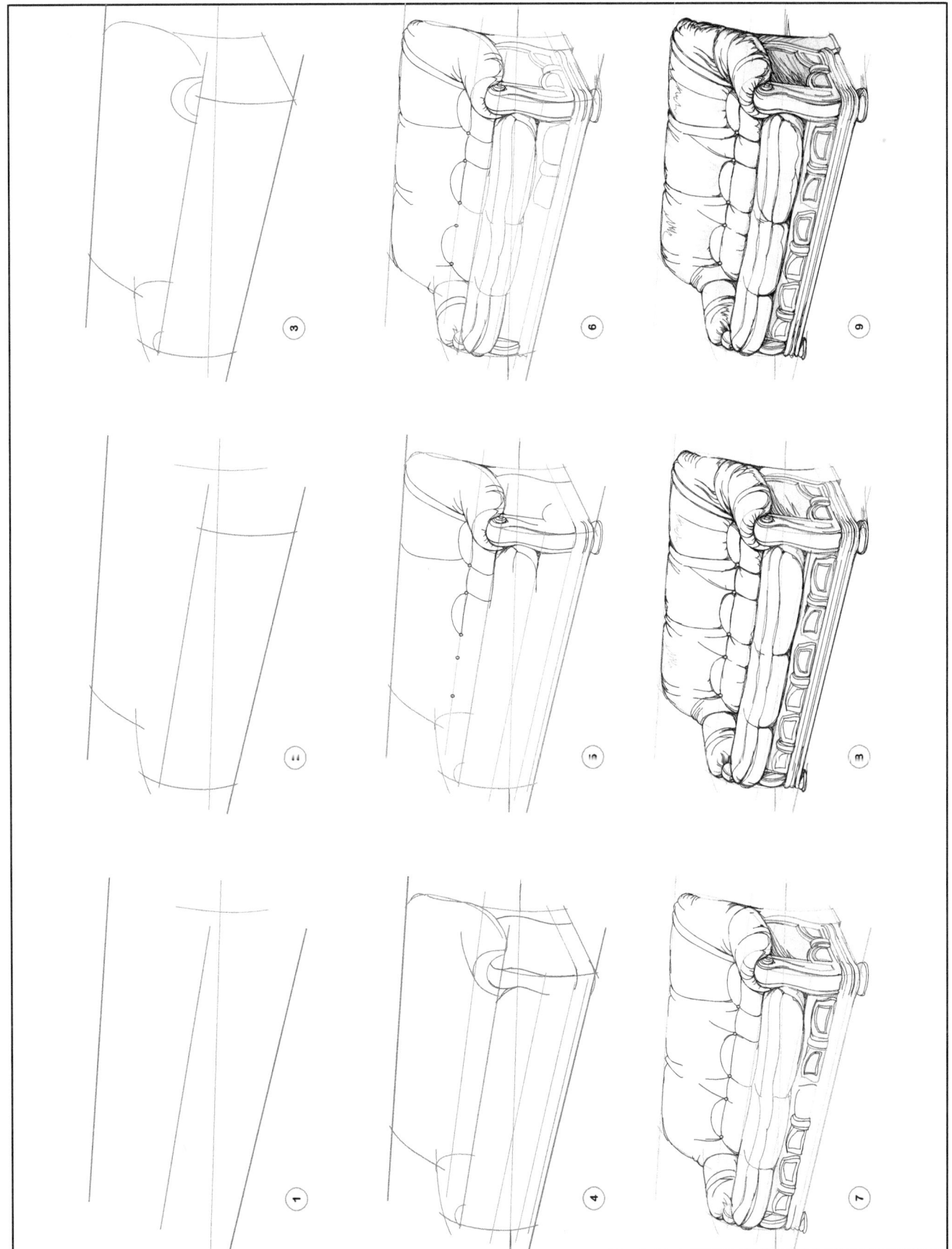

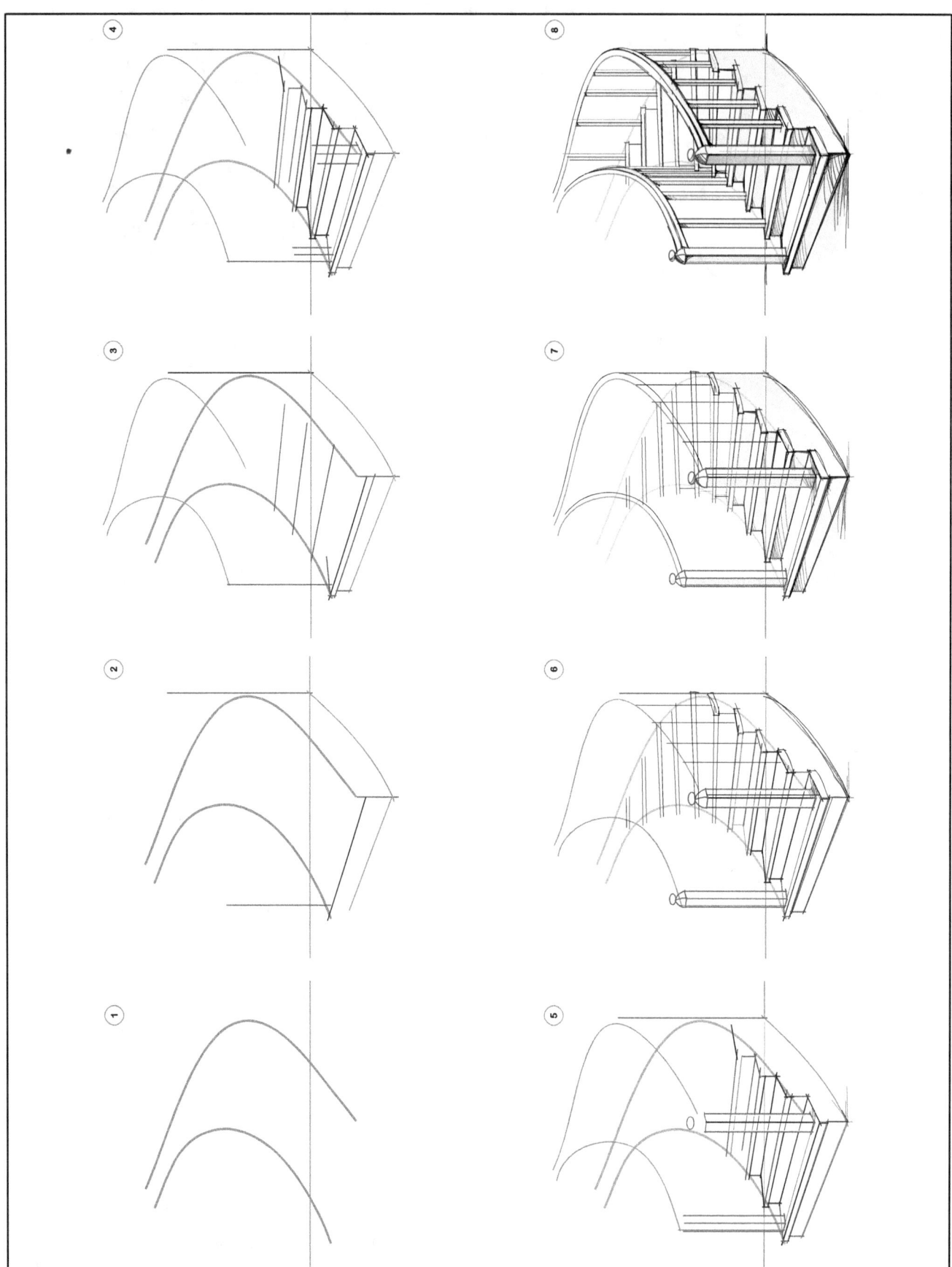

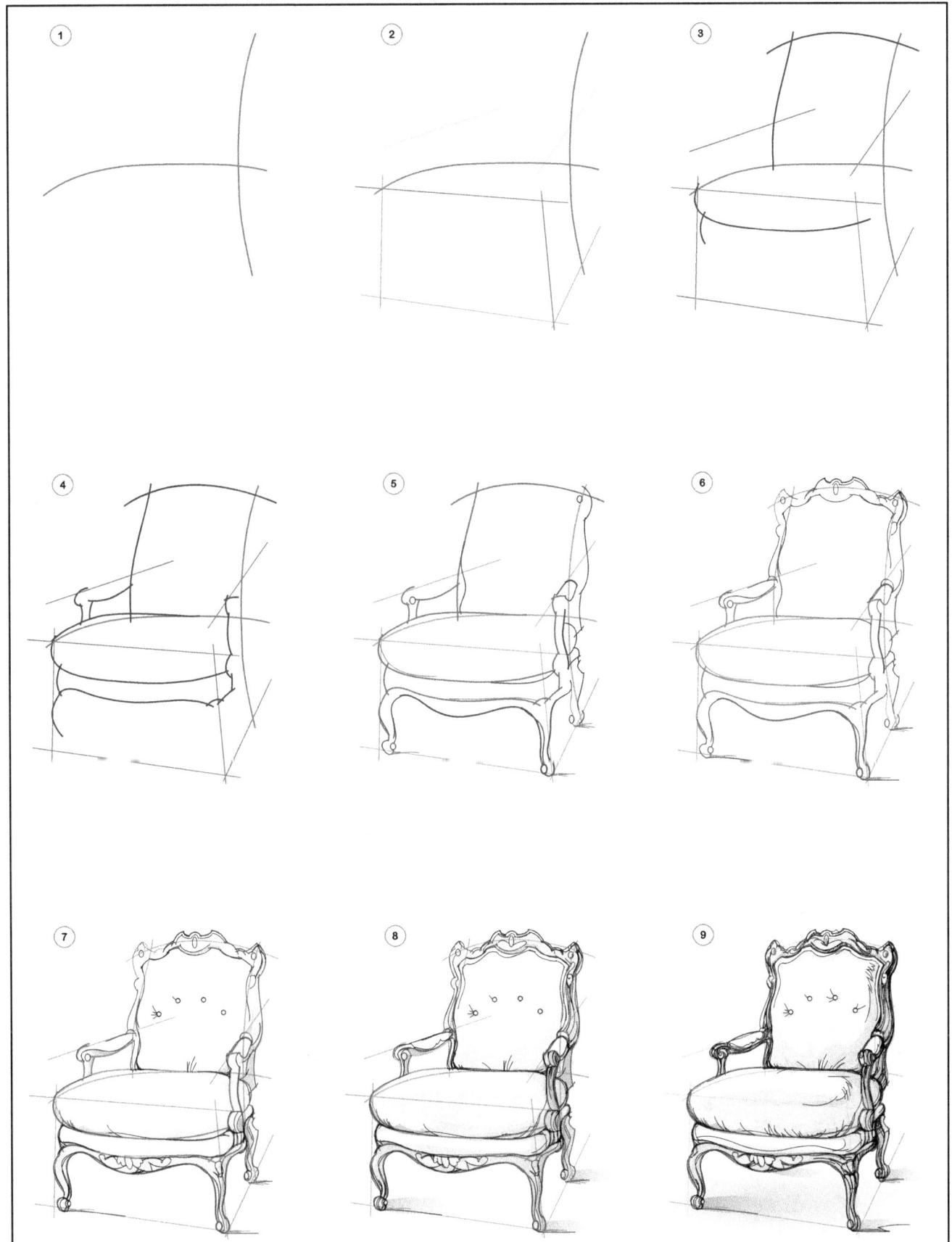

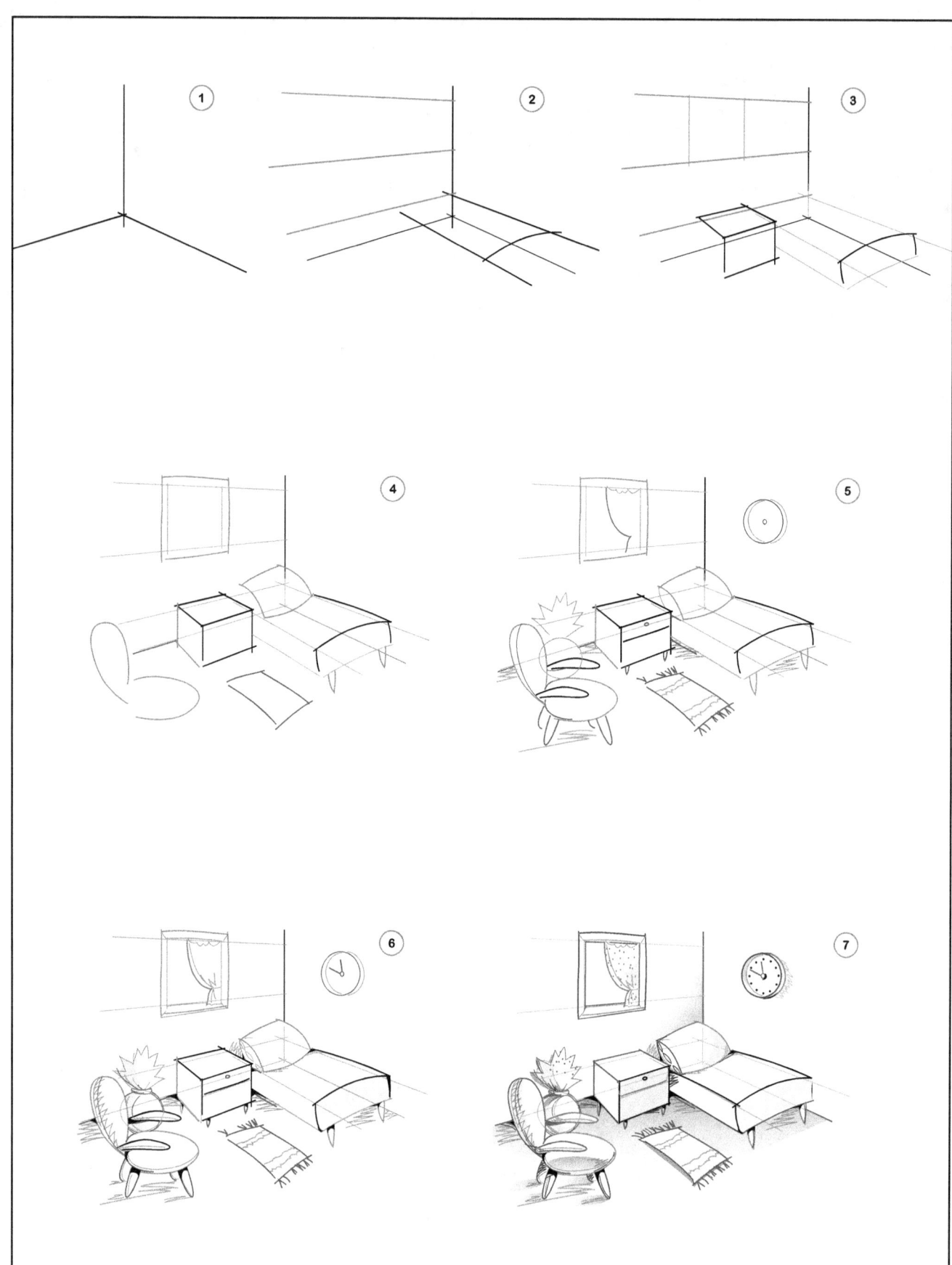

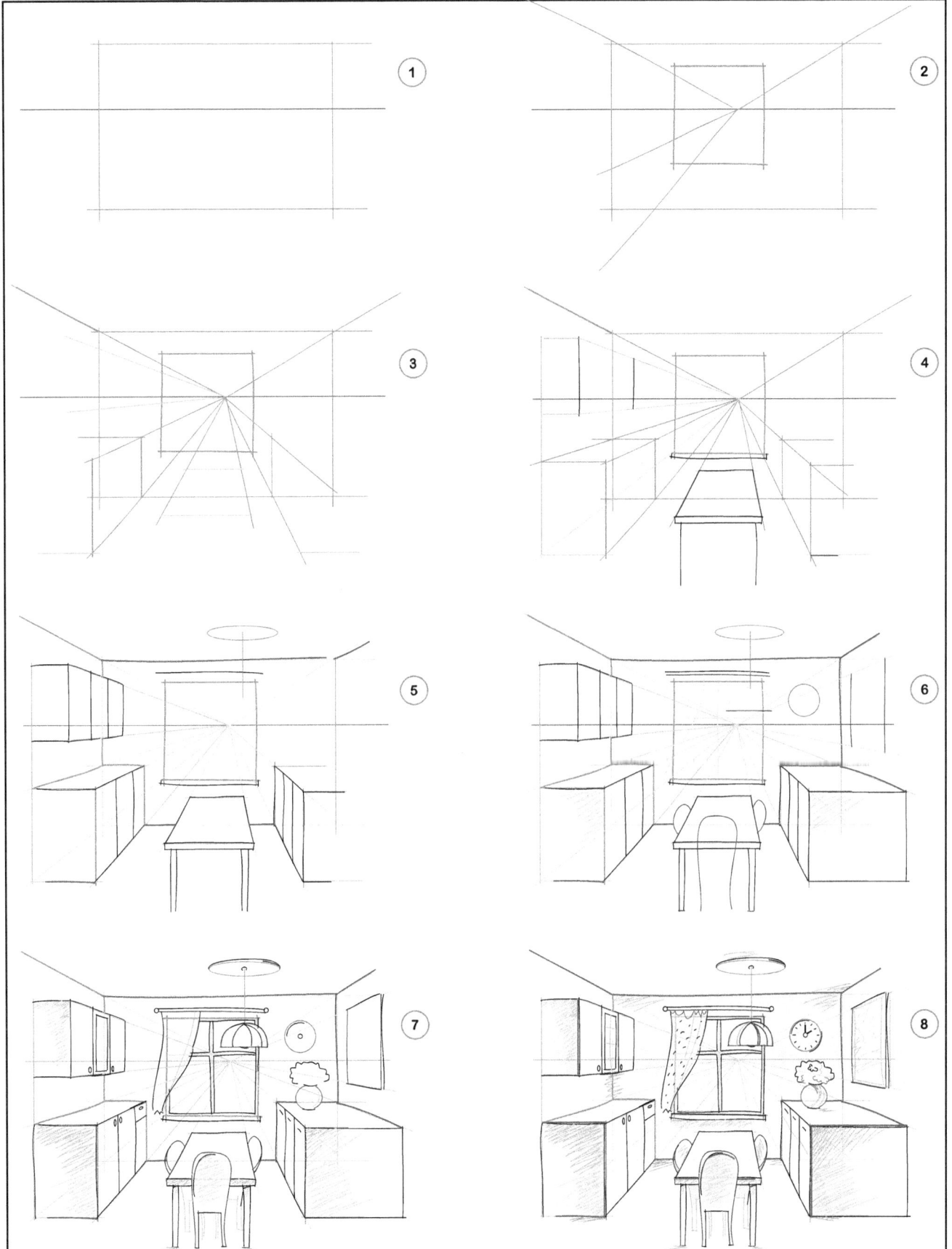

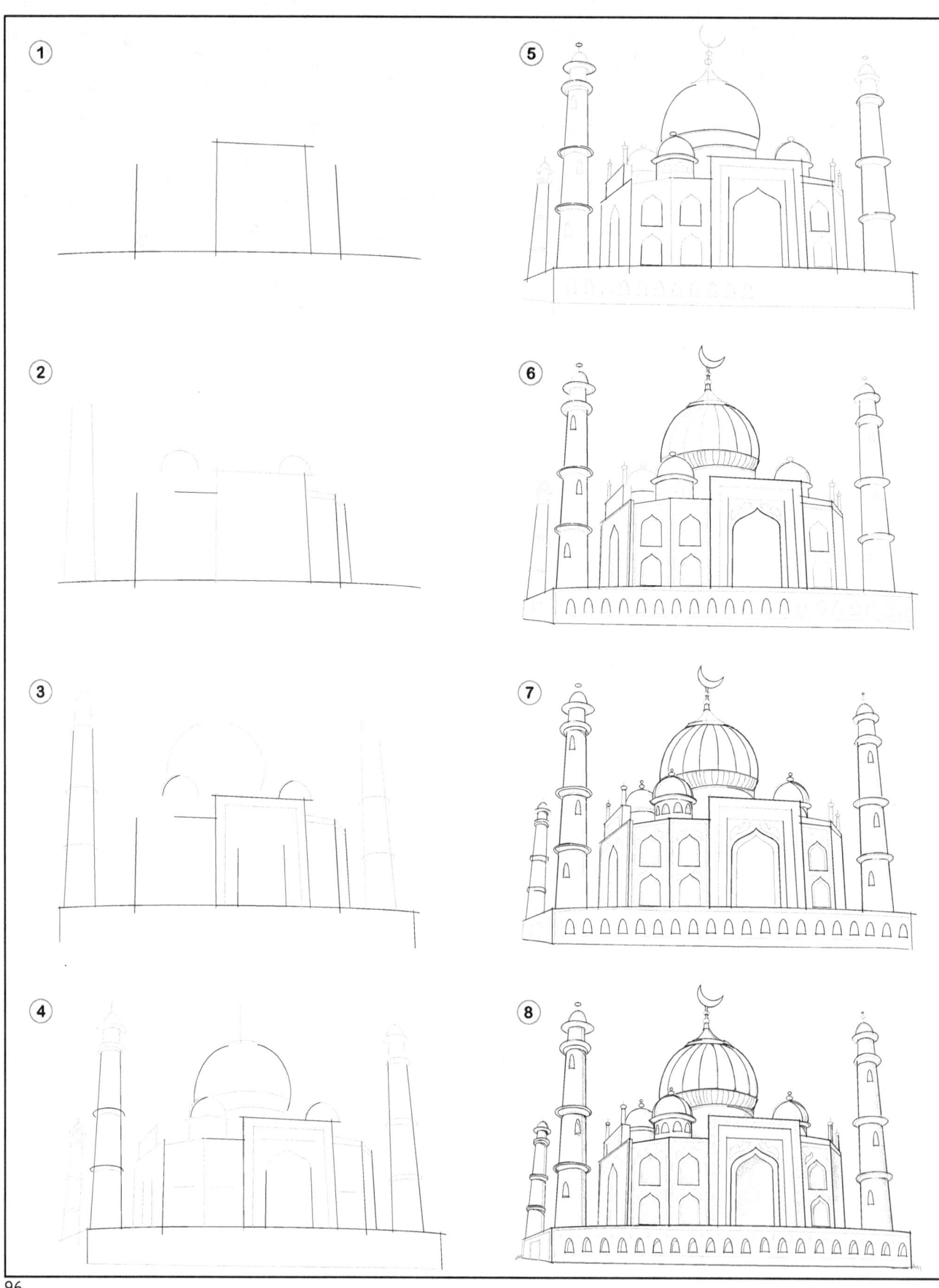

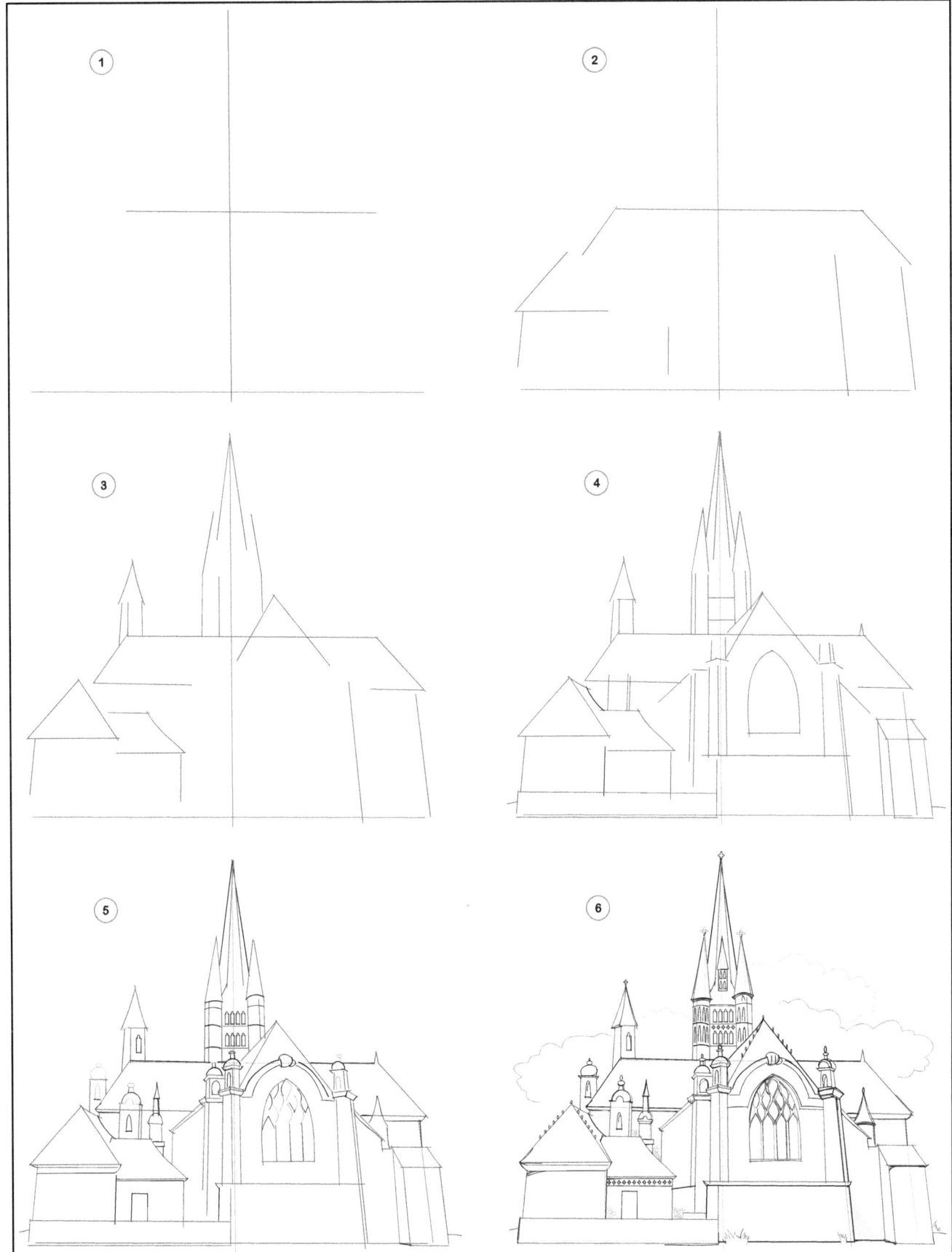

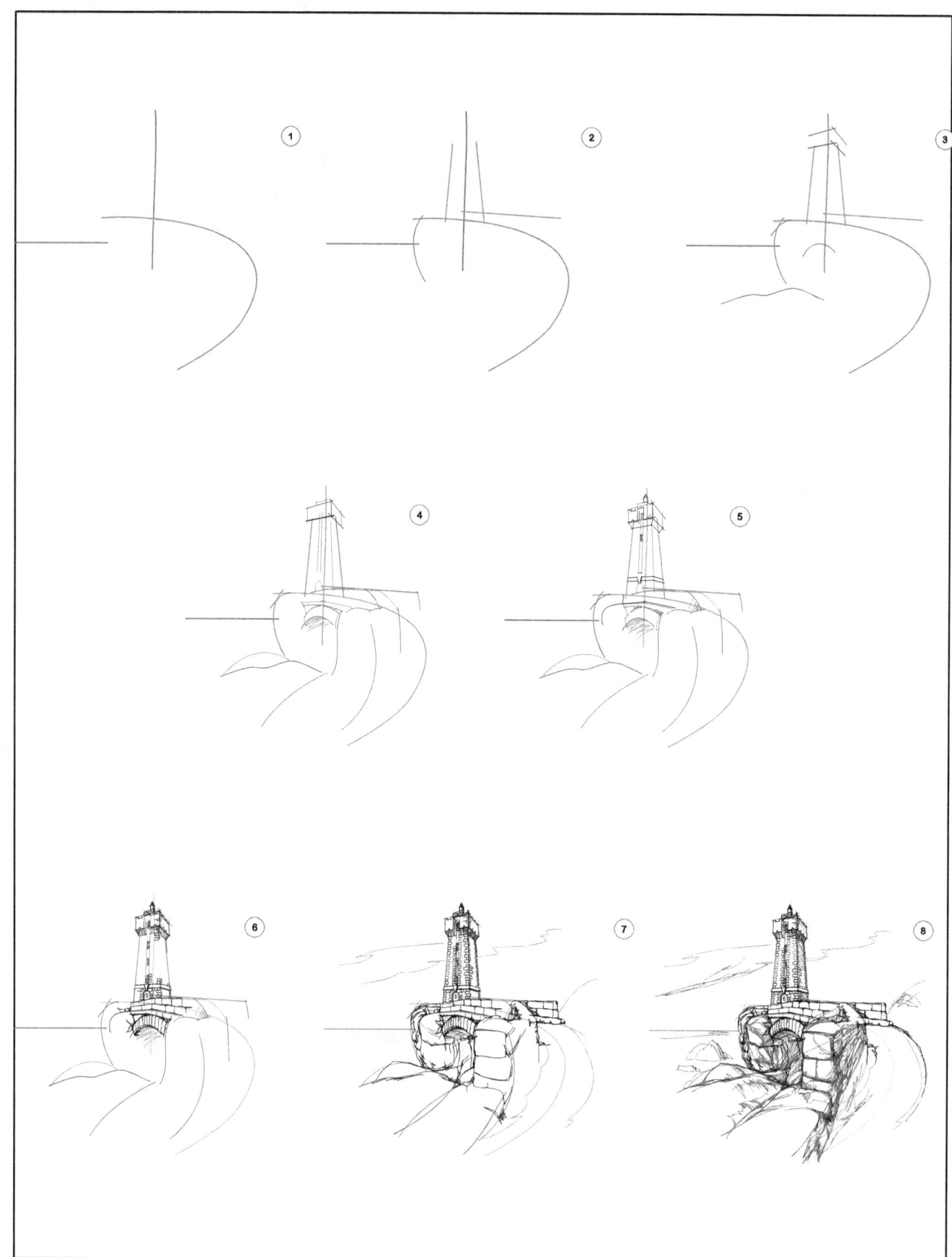

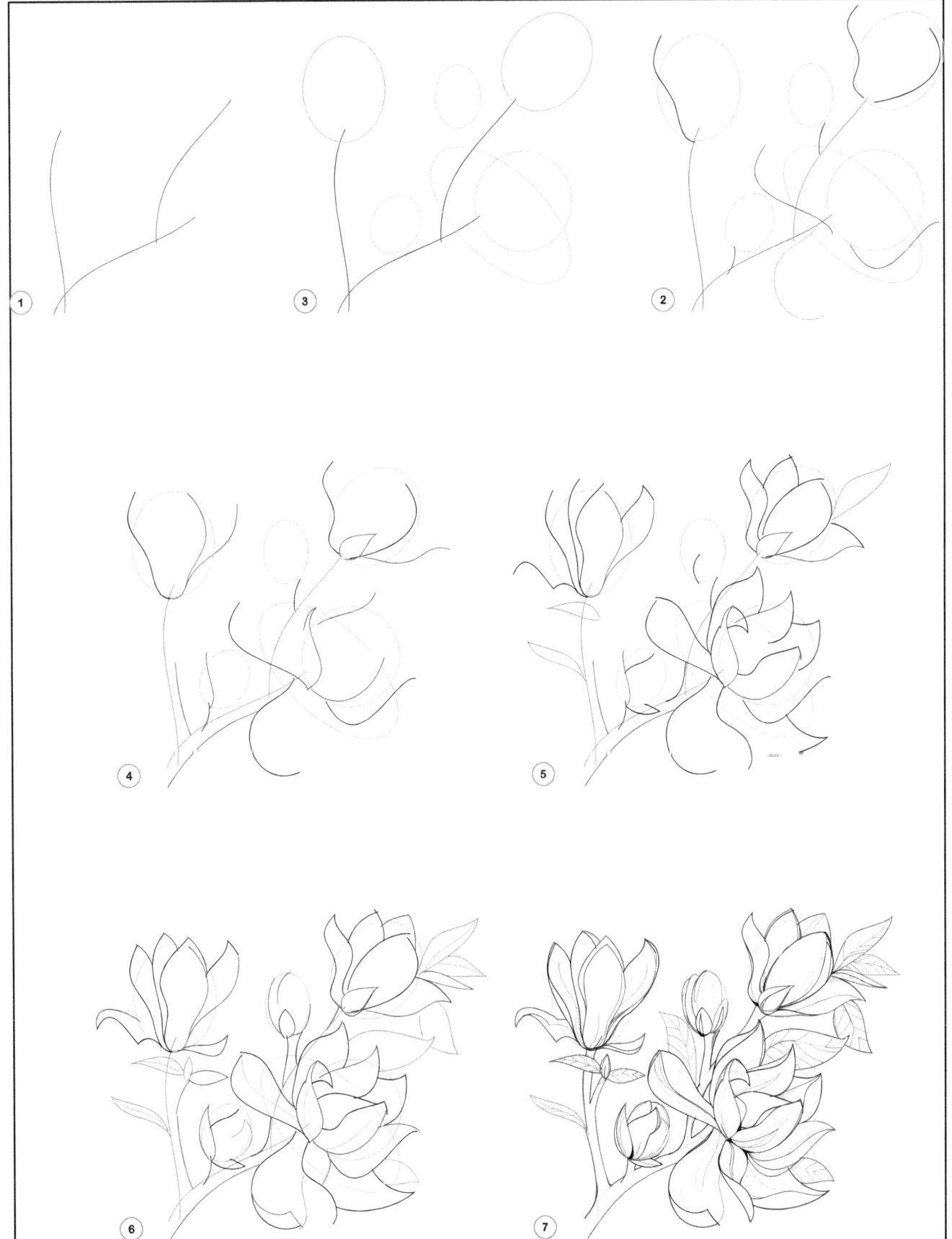

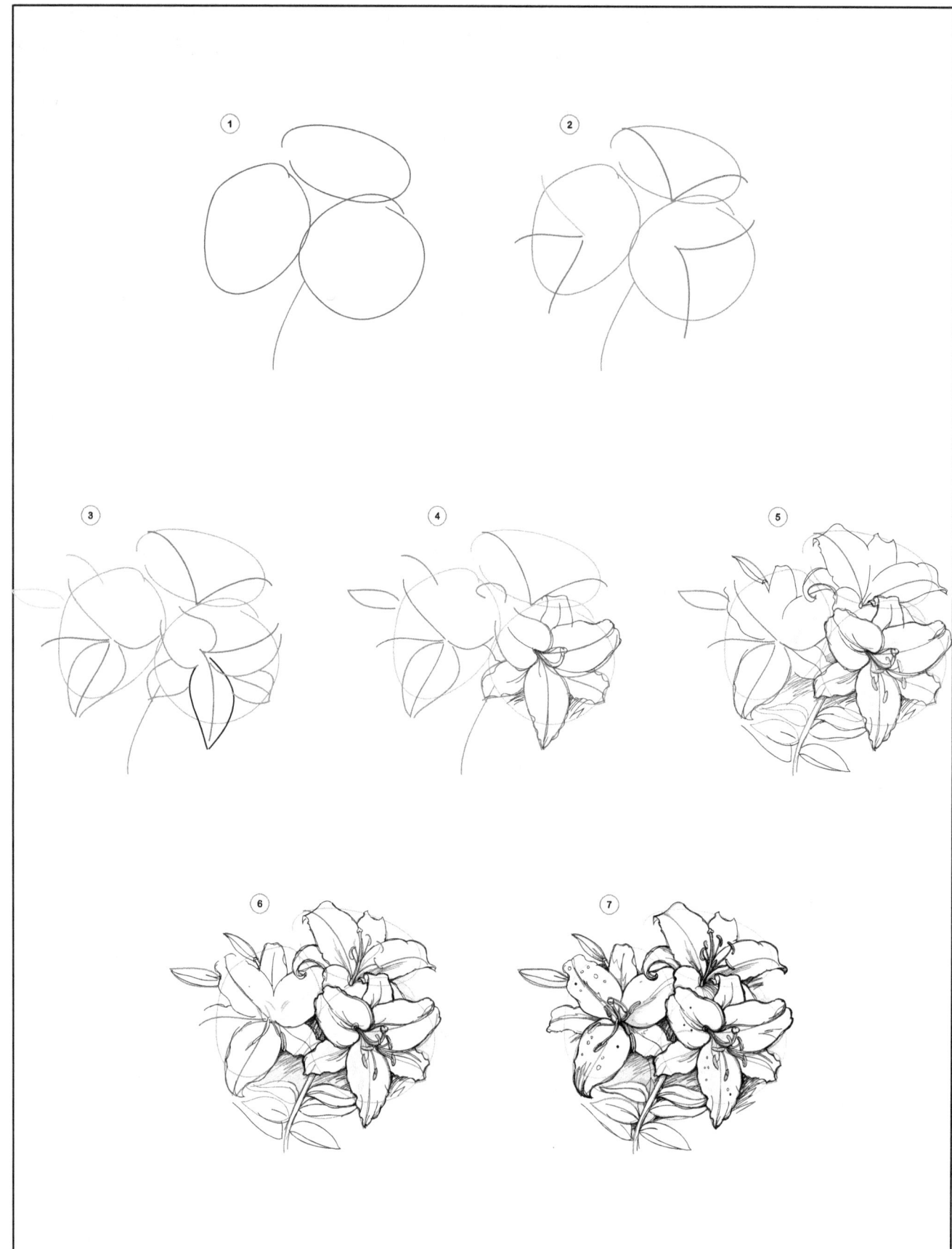

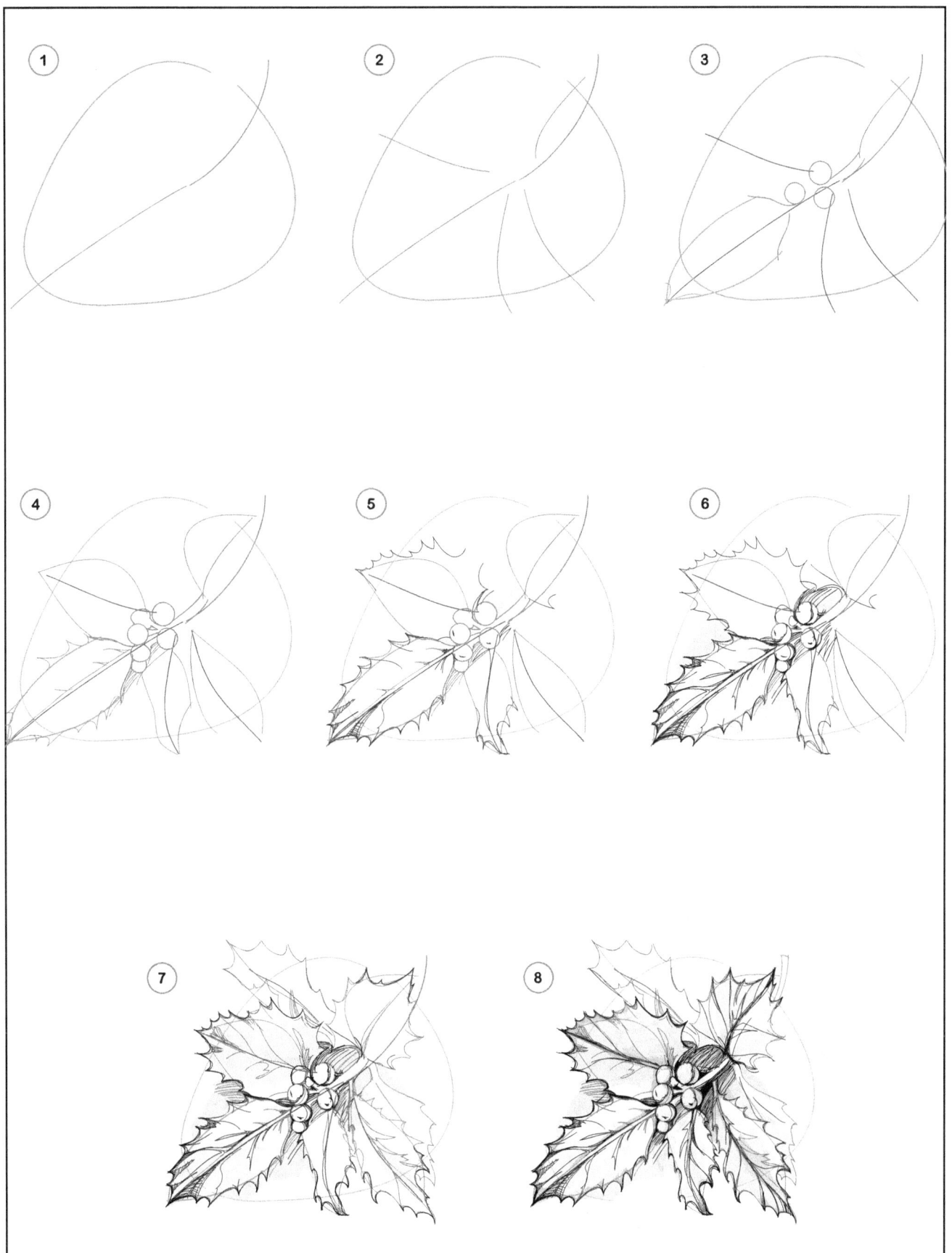

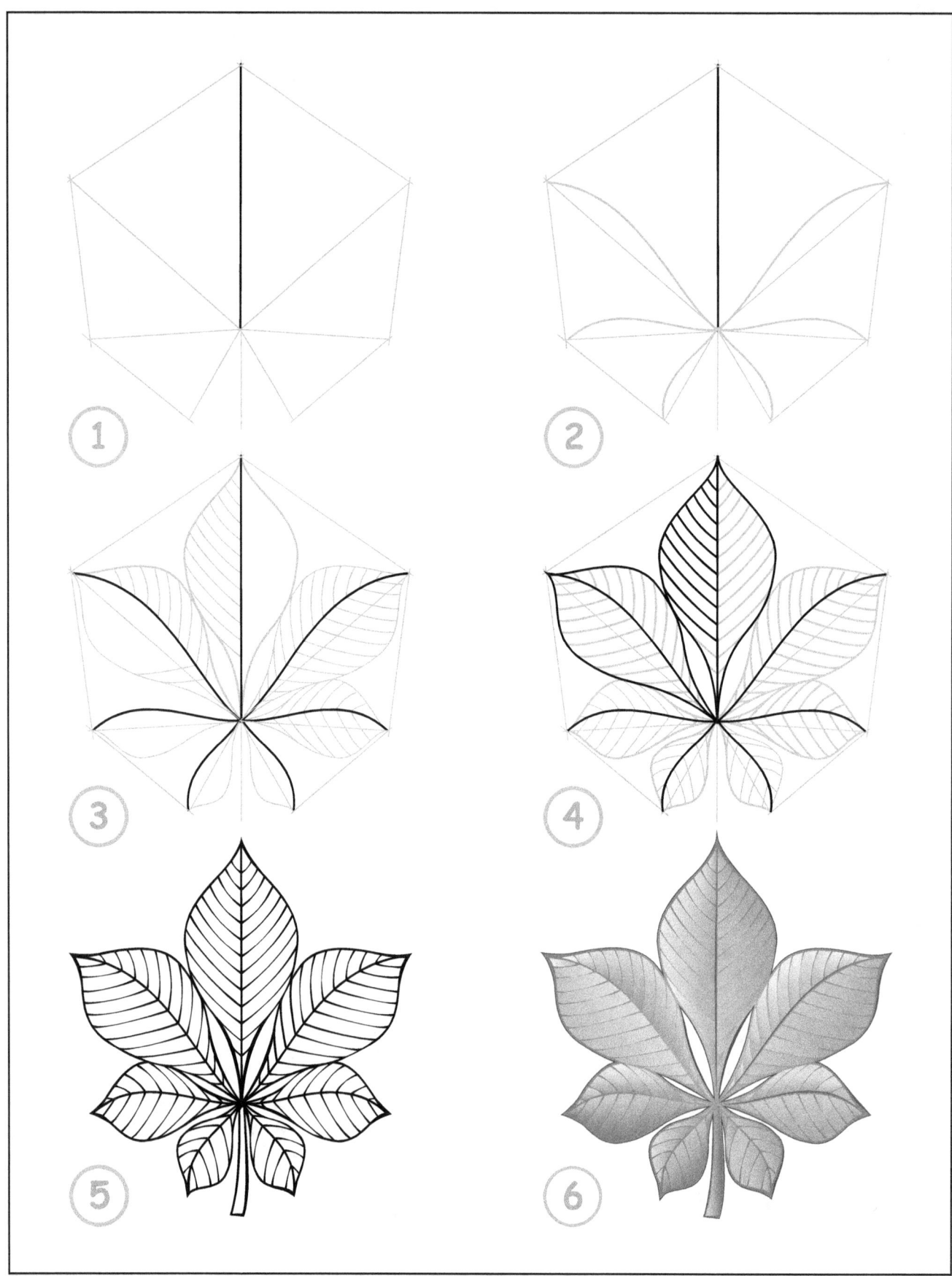

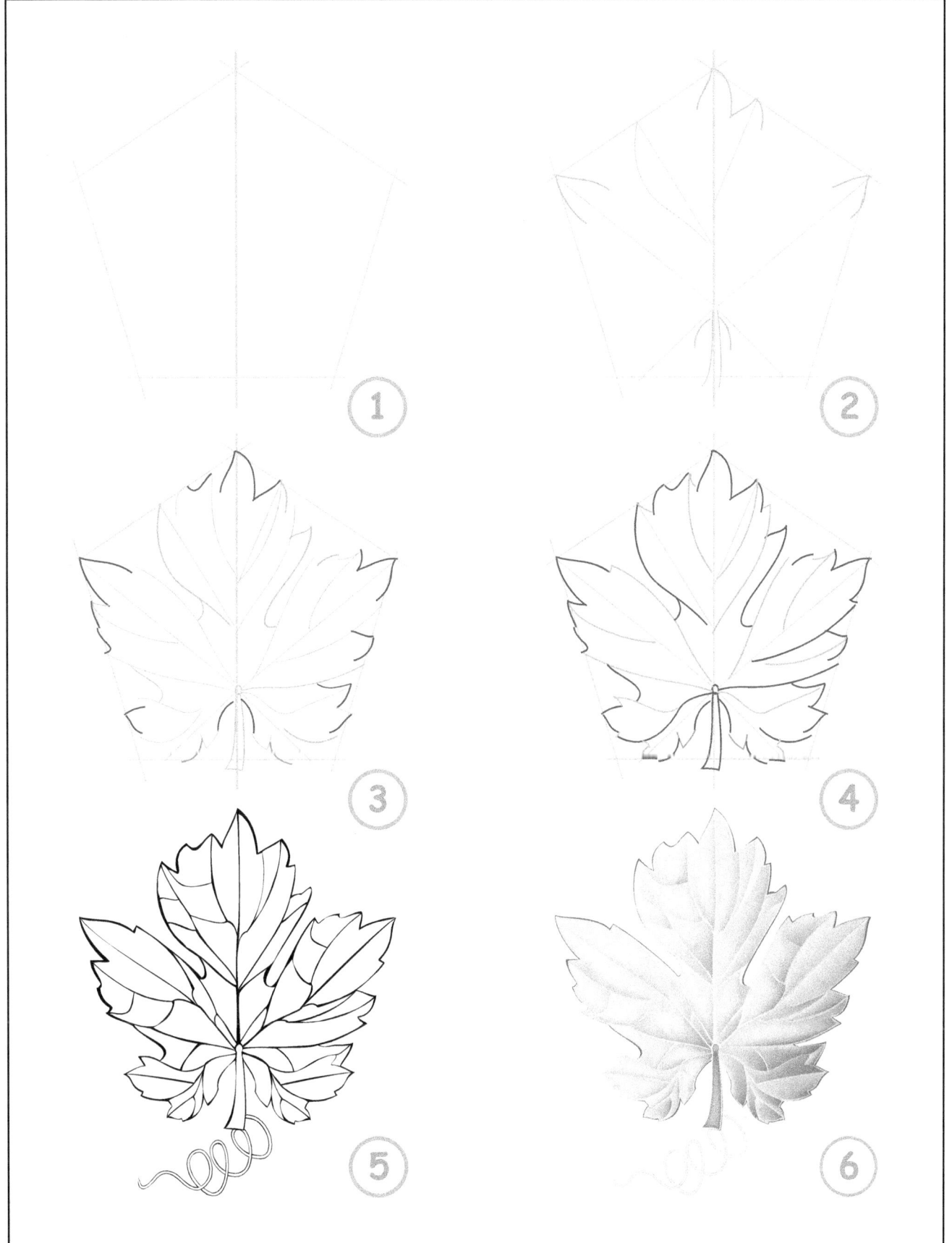

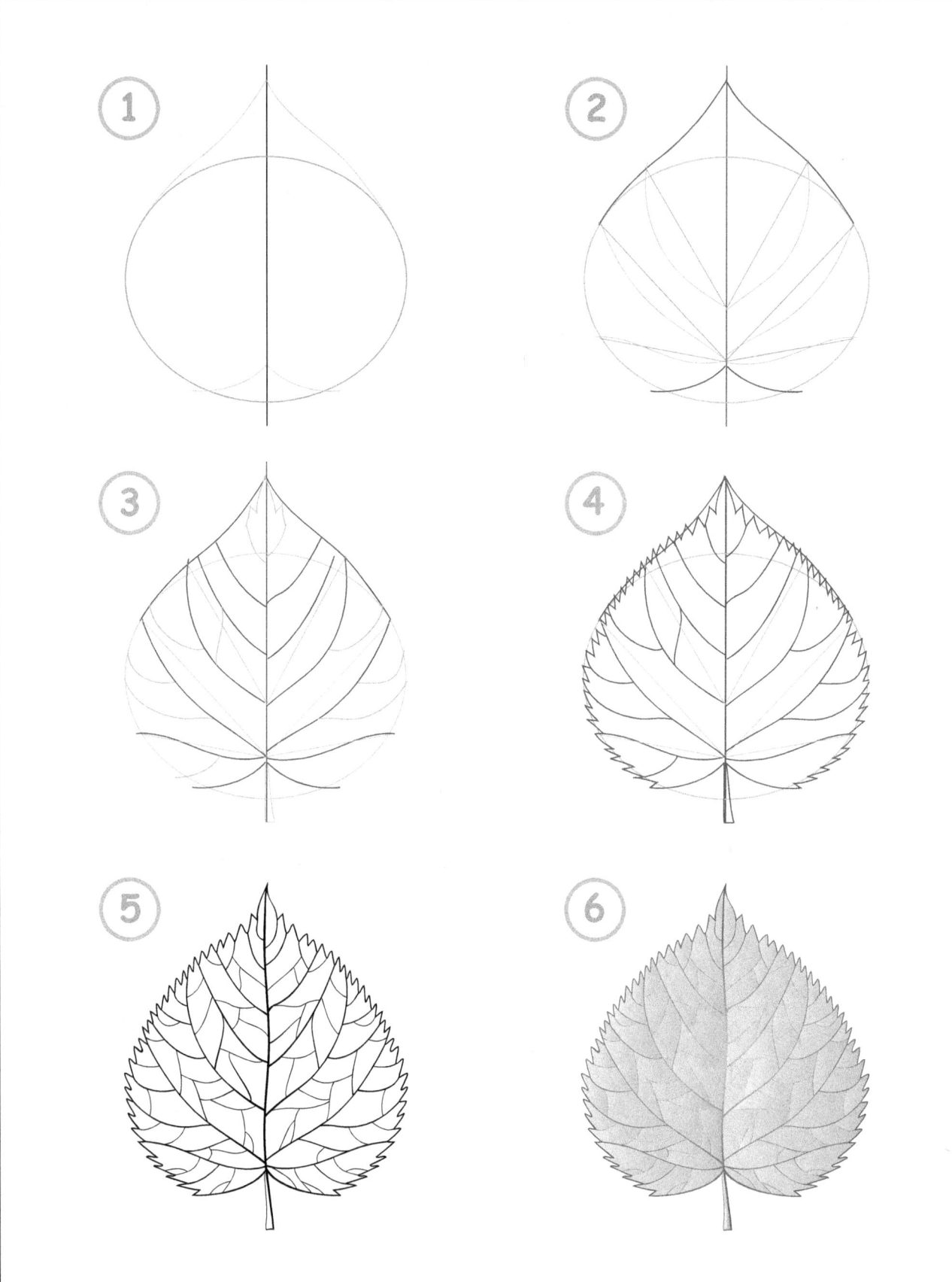

www.ingramcontent.com/pod-product-compliance
Lightning Source LLC
Chambersburg PA
CBHW062220220526
45471CB00009B/3288